CLÁUSULAS CON PERSPECTIVA DE GÉNERO EN LA CONTRATACIÓN PÚBLICA

Cláusulas con perspectiva de género en la contratación pública

Eider Larrazabal Astigarraga

Profesora Agregada de Derecho del Trabajo y de la Seguridad Social

Universidad del País Vasco/Euskal Herriko Unibertsitatea

Atelier
LIBROS JURÍDICOS

Colección: Atelier Laboral

Director:
José Ignacio García Ninet
Catedrático de Derecho del Trabajo y de la Seguridad Social

© 2024 Eider Larrazabal Astigarraga
© 2024 Atelier
      Santa Dorotea 8, 08004 Barcelona
      e-mail: editorial@atelierlibros.es
      www.atelierlibrosjuridicos.com
      Tel. 93 295 45 60

I.S.B.N.: 978-84-10174-20-7
Depósito legal: B 4086-2024

ÍNDICE

Capítulo 1

INTRODUCCIÓN

El nivel de gasto en contratación pública suele llegar a alcanzar el 12% del Producto Interior Bruto (PIB). Por ello, la contratación pública desempeña un rol esencial en el desarrollo económico y social. La contratación pública es una poderosa herramienta para impulsar las políticas públicas. A través de la actividad contractual del sector público puede reconducirse el comportamiento empresarial, y también del sector público, a fin de fomentar objetivos sociales.

Entre tales objetivos sociales se encuentra la promoción de la igualdad entre mujeres y hombres en la contratación pública. La incorporación de cláusulas con perspectiva de género en los procedimientos de contratación pública constituye hoy día un instrumento influyente para abordar las desigualdades entre mujeres y hombres y promover la participación activa de las mujeres en la economía y el mercado de trabajo.

Este trabajo tiene por objeto, por un lado, analizar las diferentes posibilidades existentes a la hora de introducir cláusulas con perspectiva de género en la contratación pública. A tal fin, se analizarán el marco jurídico aplicable así como las resoluciones más relevantes de los Tribunales Administrativos de Recursos Contractuales y de los Tribunales jurisdiccionales. Por otro lado, el trabajo pretende proyectar algo de luz sobre algunas cuestiones que pueden resultar clave a la hora de introducir este tipo de cláusulas en los procedimientos de contratación pública.

En este aspecto, considero oportuno mencionar que el presente estudio parte de una base teórica y práctica que he venido desarrollando sobre la materia en los últimos años. Además de los trabajos teóricos que he desempeñado sobre cláusulas sociales en la contratación pública, he impartido talleres y cursos de formación en diferentes administraciones públicas, tales como administraciones públicas centrales, autonómicas y locales. Así mismo, también vengo realizando tareas de asesoramiento jurídico a todo tipo de entidades públicas y privadas a través de un servicio ofrecido por el Instituto Vasco de la Mujer-Emakunde. Es por ello que he tenido la oportunidad de conocer de primera mano las dificultades e incertidumbres que sobre la materia surgen a los órganos de contratación a la hora incorporar este tipo de cláusulas en los pliegos de contratación. No obstante, a pesar de intentar buscar las debidas soluciones y respuestas desde el respeto al marco jurídico, he de reconocer que son muchas aún las cuestiones sobre las que he de seguir investigando y profundizando. Me remito así a la sabia frase «en general hay un grado de duda, de cautela y modestia que, en toda clase de investigaciones, debe acompañar siempre al razonador cabal[1].»

Por su parte, se ha de mencionar que esta obra monográfica se ha ido confeccionando en el marco de la ejecución del proyecto DER2017-83040-C4-1-R, *Hacía un nuevo modelo de Derecho Transnacional del Trabajo* y se ha culminado en el contexto del proyecto PID2021-124045NB-C31 titulado *«El régimen jurídico de la transition law y su impacto sobre los derechos laborales de los trabajadores en mares y océanos*, ambos financiados por el Ministerio de Ciencia e Innovación. Asimismo, el objeto de estudio se enmarca en la investigación desarrollada por el Grupo de Investigación EHU/UPV GIU21/014, Derecho

---

1. Frase del famoso historiador y filósofo David Hume.

transnacional del trabajo y Transporte que dirige la Profesora Fotinopoulou Basurko.

Capítulo 2

LA MUJER EN EL MERCADO LABORAL: UNA REALIDAD LEJOS DE LA IGUALDAD EFECTIVA

La desigualdad entre mujeres y hombres en el mercado de trabajo es un problema estructural, que ha persistido a lo largo de toda la historia de la humanidad. Por supuesto que han sido también muchos los avances en esta materia[2], pero también es indiscutible que aún queda una ardua y larga tarea por hacer en este recorrido.

Algunas de las cuestiones más preocupantes en dicho sentido son:

— **Tasa de paro**: La tasa de paro de las mujeres siempre ha sido mayor que la de los hombres. Según los datos de la última Encuesta de Población Activa (EPA)[3], la tasa de paro femenina se sitúa en el 13,16%, mientras que la de los hombres se sitúa en el 10,19%.

---

2. Algunos de dichos avances en este ámbito se detallan en el análisis realizado por el Ministerio de Trabajo y Economía Social, publicado el 28 de febrero de 2023 y disponible en: https://www.mites.gob.es/ficheros/ministerio/sec_trabajo/analisis_mercado_trabajo/situacion-mujeres/Mujeres-y-Mercado-de-Trabajo-2022.pdf

3. Encuesta de Población Activa (EPA) y Estadística de Flujos de la Población Activa (EFPA), Segundo trimestre de 2023, disponible en: https://www.ine.es/daco/daco42/daco4211/epa0223.pdf

— **Brecha salarial**: En España, como en muchos otros países, persiste una brecha salarial de género. Según datos del Instituto Nacional de Estadística (INE), las mujeres suelen ganar, en promedio, alrededor de un 20% menos que los hombres. Esta brecha puede ser el resultado de factores como la segregación ocupacional, la maternidad y la discriminación directa.

— **Techo de cristal**: A pesar de que las mujeres en el Estado español suelen estar mejor formadas académicamente que los hombres, enfrentan barreras a la hora de acceder a puestos de alta dirección o responsabilidad. Hay una subrepresentación femenina en posiciones de liderazgo y en los consejos de administración de las grandes empresas.

— **Segregación sectorial**: Las mujeres están sobrerrepresentadas en ciertos sectores, como la educación, la salud y el trabajo social, mientras que están subrepresentadas en sectores como la ingeniería, la construcción y las tecnologías de la información.

— **Trabajo a tiempo parcial y temporalidad**: Las mujeres tienen más probabilidades que los hombres de tener contratos temporales o a tiempo parcial, lo que puede afectar su estabilidad laboral y desarrollo profesional. Además, muchas veces, esta elección no es voluntaria sino impuesta por circunstancias como la necesidad de cuidar a familiares.

— **Conciliación laboral y familiar**: El Estado español ha avanzado en políticas de conciliación, pero todavía hay desafíos. Las mujeres siguen asumiendo una mayor responsabilidad en el cuidado de menores y familiares, lo que puede afectar en su trayectoria laboral y oportunidades de ascenso.

— **Violencia y acoso**: Las mujeres enfrentan mayores riesgos de acoso sexual y discriminación en el lugar de trabajo en comparación con los hombres.

Es evidente que, frente a una cultura patriarcal tan arraigada, las normas y políticas públicas han resultado no ser del todo suficientes. Si bien han sido muchas las normas y acciones desarrolladas a fin de lograr la igualdad efectiva entre mujeres y hombres, los datos demuestran que, posiblemente, la falta de aplicación efectiva y el seguimiento ineficaz de su cumplimiento han obstaculizado un éxito mayor en los resultados. «La igualdad que parece haberse alcanzado es en ocasiones más aparente, más formal, que real»[4]. Las desventajas que sufren las mujeres desde que deciden buscar empleo e incorporarse al mercado de trabajo son solo el inicio de otras tantas que se sucederán después en el ámbito de las condiciones laborales[5]. Por tanto, debe seguir avanzándose desde todos los frentes y con el máximo rigor posible.

---

4. FABREGAT MONFORT, G., «Criterios y sistemas de promoción profesional y ascensos y no discriminación por razón de género», *Femeris: Revista Multidisciplinar de Estudios de Género,* Vol. 6, núm. 2, 2021, p. 13.

5. RAMOS QUINTANA, M. I., «Las mujeres y el futuro del trabajo en el centenario de la OIT», *Revista del Ministerio de Empleo y Seguridad Social: Revista del Ministerio de Trabajo, Migraciones y Seguridad Social,* núm. Extra 1, 2019 (Ejemplar dedicado a: Mujer en el futuro del trabajo), p. 115.

Capítulo 3

LA CONTRATACIÓN PÚBLICA COMO ACCIÓN POSITIVA PARA EL FOMENTO DE LA IGUALDAD ENTRE MUJERES Y HOMBRES

El derecho a la igualdad es uno de los derechos fundamentales de mayor relevancia en el plano internacional. La Declaración Universal de Derechos Humanos, de 1948, establece principios de igualdad y no discriminación aplicables a todas las personas. Por otra parte, en cuanto a la promoción de los derechos de las mujeres, la Convención sobre la Eliminación de Todas las Formas de Discriminación contra la Mujer, de las Naciones Unidas, establece la obligación de los Estados partes de tomar medidas para eliminar la discriminación de las mujeres en todas las áreas, incluyendo el ámbito legal, político, económico y social. También en el ámbito de las Naciones Unidas, el objetivo 5 de los Objetivos de Desarrollo Sostenible (ODS) está enfocado a «lograr la igualdad entre los géneros y empoderar a todas las mujeres y niñas». Entre otras cuestiones, este objetivo se centra en finalidades tales como la erradicación de la violencia de género y la discriminación, así como en el fomento de la participación igualitaria en todos los aspectos de la sociedad.

En el ámbito de la Unión Europea, el derecho a la igualdad entre mujeres y hombres está amparado en varios instrumentos legales y en diferentes tratados. El artículo 8 del Tratado de Funcionamiento de la Unión Europea establece que la Unión Europea está comprometida con la eliminación de todas las formas de discriminación, incluida la discriminación fundamentada en el género. A su vez, la Carta de los Derechos Fundamentales de la Unión Europea prohíbe la discriminación por razón de género en sus diferentes artículos. Concretamente, en el artículo 23 señala que la igualdad entre mujeres y hombres será garantizada en todos los ámbitos, inclusive en materia de empleo, trabajo y retribución. Además, el mismo artículo señala literalmente que el principio de igualdad no impide el mantenimiento o la adopción de medidas que ofrezcan ventajas concretas a favor del sexo menos representado.

En el mismo ámbito de la Unión Europea, la Directiva de Igualdad de Trato en el Empleo 2006/54/CE prohíbe la discriminación de género en el ámbito laboral. La Directiva tiene por objeto garantizar la aplicación del principio de igualdad de oportunidades e igualdad de trato entre mujeres y hombres en asuntos de empleo y ocupación[6]. Así mismo, la Directiva respalda que los Estados miembros mantengan o adopten las medidas indicadas en el artículo 141.4 del Tratado de Funcionamiento de la Unión Europea[7] con objeto de garantizar en la práctica la plena igualdad entre mujeres y hombres en la vida laboral. El citado artículo 141.4 prevé que los Estados pueden mantener o adoptar medidas que ofrezcan ventajas concretas destinadas a facilitar al sexo menos representado el ejercicio de actividades profesionales o a evitar o compensar desventajas en sus carreras profesionales. Conjuntamente, la Directiva de Conciliación de la Vida Familiar y Laboral 2019/1158/UE, regula requisitos mínimos destinados a lograr la igualdad entre mujeres y hombres en lo que respecta a las oportunidades en el mercado laboral y al trato en el trabajo, facilitando a las personas trabajadoras que sean progenitoras o cuidadoras la conciliación de la vida familiar y profesional, promoviendo así la igualdad de género. Por otro lado, la Estrategia para la Igualdad de Género 2020-2025 presenta actuaciones y objetivos po-

---

6. Artículo 1 de la Directiva 2006/54/CE.

7. Hoy día artículo 157 del Tratado de Funcionamiento de la Unión Europea.

líticos para avanzar hacia una Europa con mayor igualdad de género de aquí a 2025. Los objetivos fundamentales de la Estrategia son, entre otros, colmar las brechas de género en el mercado de trabajo, lograr la participación en pie de igualdad en los distintos sectores de la economía, abordar la brecha salarial y de pensiones entre hombres y mujeres, etc. La Estrategia adopta un planteamiento dual de integración de la perspectiva de género combinada con actuaciones específicas y aboga por la interseccionalidad como principio horizontal para su aplicación.

En el plano estatal, son diversas las normas que abordan la igualdad entre mujeres y hombres. No obstante, únicamente se tendrán en cuenta en este lugar algunas de aquéllas que puedan resultar fundamentales o de especial interés.

En España, la igualdad entre mujeres y hombres está consagrada como un derecho fundamental. Como premisa principal, el artículo 14 de la Constitución Española (CE) establece que la ciudadanía española es igual ante la ley y prohíbe cualquier discriminación por razón de sexo. Además, la CE prevé la aplicación efectiva del principio de igualdad y no discriminación en su artículo 9.2. Este artículo indica que los poderes públicos deben promover las condiciones para que la libertad y la igualdad del individuo y de los grupos en que se integra sean reales y efectivas. Al mismo tiempo, señala que a los mismos corresponde también remover los obstáculos que impidan o dificulten su plenitud y facilitar la participación de toda la ciudadanía en la vida política, económica, cultural y social.

La ley específica y principal sobre igualdad entre mujeres y hombres en el Estado español es la Ley Orgánica 3/2007, de 22 de marzo, para la igualdad efectiva de mujeres y hombres. Esta Ley, más conocida como la LOI, prevé un elenco de medidas para garantizar la igualdad de trato y de oportunidades entre mujeres y hombres en ámbitos tales como, entre otros, el laboral, el económico y el social. A su vez, la norma aboga por la corresponsabilidad en las tareas domésticas y de cuidado. A tales efectos, la LOI prevé principios de actuación de los poderes públicos y medidas destinadas a eliminar y corregir en los sectores público y privado toda forma de discriminación por razón de sexo. Resultan en este trabajo especialmente de interés los artículos 33 y 34 de la LOI, que serán objeto de estudio en el apartado 4 del presente trabajo. Ambos artículos, junto con el artículo 37.2 de la Ley 15/2022, de 12 de julio, integral para la igualdad de trato y no discriminación, hacen hincapié en la posibilidad que ostentan los órganos de contratación para establecer criterios de adjudicación y condiciones especiales de ejecución con el fin de promover la igualdad de trato y no discriminación en la contratación pública.

Por su parte, el Real Decreto-ley 6/2019, de 1 de marzo, de medidas urgentes para la garantía de la igualdad de trato y de oportunidades entre mujeres y hombres en el empleo y la ocupación, contiene siete artículos que se corresponden con la modificación de siete normas con rango de ley que inciden de forma directa en la igualdad entre mujeres y hombres. Las modificaciones buscan la equiparación en el ejercicio de los derechos y en el cumplimiento de las obligaciones de tal forma que existan las condiciones necesarias para que su igualdad sea efectiva en el empleo y la ocupación. El Real Decreto-ley 6/2019 también incide en que los poderes públicos están obligados a adoptar medidas específicas a favor de las mujeres cuando existan situaciones patentes de desigualdad de hecho respecto de los hombres. A su vez, subraya que en la relación de trabajo, las personas trabajadoras, mujeres u hombres, tienen derecho a ejercer la corresponsabilidad de la vida personal, familiar y laboral, quedando prohibido cualquier trato discriminatorio directo e indirecto por razón de sexo.

Por supuesto, también el Estatuto de los Trabajadores (ET) contiene disposiciones relativas a la igualdad entre mujeres y hombres en el ámbito laboral. Por ejemplo, el artículo 17 de dicha norma establece que no podrá existir discriminación directa o indirecta por razón de género en ningún aspecto del empleo, incluyendo la contratación, la formación, la promoción y las condiciones laborales. Además, establece que las condiciones de trabajo deben ser iguales para hombres y mujeres cuando desempeñen un mismo trabajo o un trabajo de igual valor. Así mismo, el mismo artículo señala que en la negociación colectiva se podrán establecer medidas en las condiciones de clasificación profesional, promoción y formación, de manera que, en igualdad de condiciones de idoneidad, tengan preferencia las personas del sexo menos representado para favorecer su acceso al grupo profesional o puesto de trabajo de que se trate. A tales fines, también se hace referencia a la elaboración de planes de igualdad en las empresas[8].

Por último, cabe traer a colación el artículo 69 de la LOI. Este artículo está dedicado a la «igualdad de trato en el acceso a bienes y servicios». En este sentido, regula que todas las personas físicas o jurídicas que suministren bienes o servicios disponibles para el público en el sector público o privado, deben cumplir el principio de igualdad de trato entre mujeres y hombres en sus actividades y en las transacciones consiguientes. Evitando, además, las discriminaciones directas o indirectas por razón de sexo. No obstante, tal y como señala el apartado tercero del mismo artículo, son admisibles las diferencias de trato en el acceso a bienes y servicios cuando estén justificadas por un propósito legítimo y los medios para lograrlo sean adecuados y necesarios.

En fin, del análisis de parte de la normativa en materia de igualdad y no discriminación cabe concluir que la igualdad entre mujeres y hombres se contempla de manera transversal en todas las políticas públicas, también en la contratación pública. No solo eso, sino que las administraciones públicas están obligadas a introducir a tales efectos medidas de acción positiva en los contratos públicos. Ante esa necesidad, como podrá comprobarse en los próximos apartados, la legislación sobre contratación pública ha venido incorporando diferentes disposiciones que albergan la introducción de cláusulas con perspectiva de género en las diferentes fases del procedimiento de

---

8.   Artículo 51 de la LOI.

contratación[9]. En esa línea, la Ley 9/2017, de 8 de noviembre, de Contratos del Sector Público (LCSP) pretende lograr que las empresas contratistas colaboren en la eliminación de la desigualdad laboral entre mujeres y hombres[10]. De esta forma, se instaura, dentro del concepto global denominado «compra pública social», la «compra pública con perspectiva de género».

De hecho, no es atrevido afirmar que «la contratación pública ha sido utilizada desde antiguo como una poderosa herramienta para la realización de fines públicos»[11]. La capacidad de influencia del sector público a través de la contratación pública es innegable, y debe aprovecharse para llevar a cabo políticas públicas transversales[12].

---

9. GONZÁLEZ BUSTOS, M. A., «La contratación pública con perspectiva de género». En GALÁN VIOQUE, R. (Dir.), *La contratación pública sostenible en la Ley de Contratos del Sector Público,* Tirant Lo Blanch, Valencia, 2023, pp. 149 y 150.

10. En este sentido, véase el interesante trabajo de RODRÍGUEZ ESCANCIANO, S., «Mujer y empleo: perspectiva de género y políticas activas en la contratación administrativa» », *Revista del Ministerio de Empleo y Seguridad Social: Revista del Ministerio de Trabajo, Migraciones y Seguridad Social,* núm. Extra 1, 2019 (Ejemplar dedicado a: Mujer en el futuro del trabajo), p. 54.

11. AGUADO I CUDOLÀ, V., *La contratación pública responsable. Funciones, límites y régimen jurídico,* Aranzadi, Pamplona, 2021, p. 39.

12. BERNAL BLAY, M. A., «Hacia una contratación pública socialmente responsable: las oportunidades de la Ley 30/2007, de 30 de octubre, de contratos del sector público», *Revista Aragonesa de Administración Pública,* núm. Extra 10, 2008 (Ejemplar dedicado a: El derecho de los contratos del sector público), pp. 212 y 213.

Capítulo 4

MARCO JURÍDICO SOBRE CLÁUSULAS CON PERSPECTIVA DE GÉNERO EN LA CONTRATACIÓN PÚBLICA

Antes de proceder al análisis del marco jurídico en cuestión, es oportuno recordar que, en materia de contratación pública, el Estado español ostenta la competencia exclusiva para promulgar la legislación básica sobre contratación pública[13], siendo ésta de aplicación general a todas las administraciones públicas.

Por un lado, la principal norma de referencia es la ya citada Ley 9/2017, de 8 de noviembre, de Contratos del Sector Público, por la que se transponen al ordenamiento jurídico español las Directivas del Parlamento Europeo y del Consejo 2014/23/UE y 2014/24/UE, de 26 de febrero de 2014. Esta norma prevé la posibilidad de incorporar cláusulas con perspectiva de género en diferentes fases del procedimiento de contratación.

Por otro lado, también ha de tenerse en cuenta la normativa sobre igualdad entre mujeres y hombres, en concreto, la también ya mencionada Ley Orgánica 3/2007, de 22 de marzo, para la igualdad efectiva de mujeres y hombres (LOI) y la Ley 15/2022, de 12 de julio, integral para la igualdad de trato y no discriminación (en adelante, Ley 15/2022), ya que ambas hacen alusión a la misma posibilidad en cuestión.

---

13. Artículo 149.1.18 de la CE.

Como es de esperar, las disposiciones más detalladas sobre la materia objeto de estudio se encuentran en la LCSP, mientras que las leyes de igualdad se dedican a ofrecer disposiciones de carácter más general. Es por ello que conviene comenzar el análisis por estas últimas, para pasar después a la regulación más detallada recogida en el marco jurídico de la contratación pública.

4.1. MARCO JURÍDICO ESPECÍFICO SOBRE IGUALDAD ENTRE MUJERES Y HOMBRES

En primer lugar, la LOI, en su artículo 33 establece que *las Administraciones públicas, en el ámbito de sus respectivas competencias, a través de sus órganos de contratación y, en relación con la ejecución de los contratos que celebren, podrán establecer condiciones especiales con el fin de promover la igualdad entre mujeres y hombres en el mercado de trabajo, de acuerdo con lo establecido en la legislación de contratos del sector público.*

En esa línea, el artículo 34 de la misma norma, denominado «Contratos de la Administración General del Estado» dispone que *anualmente, el Consejo de Ministros, a la vista de la evolución e impacto de las políticas de igualdad en el mercado laboral, determinará los contratos de la Administración General del Estado y de sus organismos públicos que obligatoriamente deberán incluir entre sus condiciones de ejecución medidas tendentes a promover la igualdad efectiva entre mujeres y hombres en el mercado de trabajo, conforme a lo previsto en la legislación de contratos del sector público.* Según el mismo artículo, dicho Acuerdo podrá hacer referencia a las características de las condiciones que deban incluirse en los pliegos teniendo en cuenta la naturaleza de los contratos y el sector de actividad donde se generan las prestaciones. En el segundo apartado del artículo 34, dirigido a los órganos de contratación en general, se contempla que éstos *podrán establecer en los pliegos de cláusulas administrativas particulares la preferencia en la ad-*

judicación de los contratos de las proposiciones presentadas por aquellas empresas que, en el momento de acreditar su solvencia técnica o profesional, cumplan con las directrices del apartado anterior, siempre que estas proposiciones igualen en sus términos a las más ventajosas desde el punto de vista de los criterios objetivos que sirvan de base a la adjudicación y respetando, en todo caso, la prelación establecida en la LCSP.

En segundo lugar, la reciente Ley 15/2022, en su artículo 37.2, manifiesta que *las administraciones públicas, en el ámbito de sus respectivas competencias, a través de sus órganos de contratación y en relación con la ejecución de los contratos que celebren, podrán establecer condiciones especiales con el fin de promover la igualdad de trato y no discriminación y fomentarán la inclusión de criterios cualitativos en la contratación pública que faciliten la participación de miembros de grupos vulnerables entre las personas asignadas a la ejecución del contrato, de acuerdo con lo establecido en la legislación de contratos del sector público.*

Así pues, como puede comprobarse, la LOI establece el deber de determinar qué contratos deben contemplar, obligatoriamente, entre sus condiciones de ejecución medidas dirigidas a promover la igualdad efectiva entre mujeres y hombres así como la posibilidad de establecer preferencias de adjudicación a favor de empresas que cumplan con la misma finalidad, esto es, la promoción de la igualdad entre mujeres y hombres. Pero la Ley 15/2022 va más allá, ya que, además de las opciones que recoge la LOI, señala el deber de fomentar «criterios cualitativos», es decir, criterios de adjudicación, que faciliten la participación de miembros de grupos vulnerables entre las personas asignadas a la ejecución del contrato. Entre tales «grupos vulnerables» vienen siendo tradicionalmente incluidas las mujeres.

4.2. MARCO JURÍDICO ESPECÍFICO SOBRE CONTRATACIÓN PÚBLICA

Por su parte, con carácter más específico, la LCSP dedica varias disposiciones a la temática que nos ocupa. Así, desde el primero de sus artículos[14] establece la obligación de incorporar, en toda contratación pública, de manera transversal y preceptiva, criterios sociales siempre que guarden relación con el objeto del contrato. Ello así, según la misma disposición, en la convicción de que su inclusión *proporciona una mejor relación calidad-precio en la prestación contractual, así como una mayor y mejor eficiencia en la utilización de los fondos públicos.* Frente a una visión pro-competitiva de los contratos públicos, también la LCSP ha apostado por el logro de objetivos de carácter no económico[15]. Entre los mencionados criterios «sociales» se encuentran, como no, los referentes a la igualdad entre mujeres y hombres.

El hecho de que la LCSP dedique un espacio tan relevante como el primero de sus artículos a esta temática y, además, en el sentido en el que lo hace, no deja lugar a dudas sobre el espíritu y finalidad de la norma, rechazando cualquier atisbo de recelo sobre la ilegitimidad o impropiedad en relación a la incorporación de cláusulas con perspectiva de género en la contratación pública. De hecho, esta explícita mención está dirigida a desterrar las posturas contrarias que en este sentido venían manteniéndose por un sector de la doctrina y algunos órganos de contratación y que, curiosamente, hoy día siguen manteniéndose en algunos casos, en contra de lo que la propia ley principal reguladora de la contratación pública consagra al respecto.

---

14. Artículo 1.3 de la LCSP.

15. Díez Sastre, S., «Las cláusulas sociales en la contratación pública», *Anuario de la Facultad de Derecho de la Universidad Autónoma de Madrid,* núm. 21, 2017 (Ejemplar dedicado a: Los derechos fundamentales en las relaciones entre particulares), p. 199.

A fin de seguir con el análisis de la norma de la forma más ordenada y clara posible, a continuación se estructura el estudio atendiendo a las posibilidades y, en algunos casos, obligaciones, que la ley recoge al respecto en cada una de las fases que componen el procedimiento de contratación.

A) UNA BREVE APROXIMACIÓN A LAS FASES DEL PROCEDIMIENTO DE CONTRATACIÓN PÚBLICA

En este apartado se pretende proporcionar una breve referencia a las diferentes fases que componen el procedimiento de contratación pública para facilitar una mejor comprensión de los próximos apartados. Por tanto, el objetivo no es profundizar en las diferentes fases ni peculiaridades de las mismas, sino más bien aportar una visión muy general de dicho procedimiento de contratación. Téngase en cuenta que la contratación pública está regulada, principalmente, en la LCSP. Esta Ley es muy extensa, consta de 347 artículos y varias disposiciones adicionales. La norma regula las diferentes fases del procedimiento de contratación, teniendo en cuenta que, al respecto, existen peculiaridades en cada uno de los diferentes tipos de contratos públicos. La delimitación de los tipos contractuales se encuentra en el Capítulo II de la LCSP: contrato de obras[16], contrato de concesión de obras[17], contrato de concesión de servicios[18], contrato de suministro[19], contrato de servicios[20] y contratos mixtos[21].

---

16. Artículo 13 de la LCSP.
17. Artículo 14 de la LCSP.
18. Artículo 15 de la LCSP.
19. Artículo 16 de la LCSP.
20. Artículo 17 de la LCSP.
21. Artículo 18 de la LCSP.

En cuanto a las fases del procedimiento de contratación, se señalan a continuación las principales[22]:

Preparación de la contratación: En esta fase, la entidad contratante define las necesidades y requisitos del contrato, establece los criterios de selección y adjudicación, y elabora los pliegos de condiciones que contendrán los detalles del contrato[23].

Publicidad y difusión: El anuncio de licitación para la adjudicación de contratos de las Administraciones Públicas, a excepción de los procedimientos negociados sin publicidad, se publicará en el perfil de contratante. En los contratos celebrados por la Administración General del Estado, o por las entidades vinculadas a la misma que gocen de la naturaleza de Administraciones Públicas, el anuncio de licitación se publicará además en el Boletín Oficial del Estado[24].

Presentación de ofertas: Las potenciales empresas licitadoras presentan sus ofertas en respuesta al anuncio de licitación. Deben cumplir con los requisitos establecidos en los pliegos y presentar la documentación requerida para demostrar su capacidad técnica, financiera y legal[25].

Evaluación de ofertas: La entidad contratante evalúa las ofertas recibidas de acuerdo con los criterios de selección y adjudicación establecidos en los pliegos. Esto puede incluir

---

22. Para un conocimiento más detallado sobre el procedimiento de contratación pública, véase, por ejemplo, ARANA GARCÍA, E; CASTILLO BLANCO, F. A; TORRES LÓPEZ, M. A; VILLALBA PÉREZ, F. L (Dirs.), *Nociones básicas de contratación pública,* Tecnos, Madrid, 2022.

23. Artículos 115 y siguientes de la LCSP.

24. Artículo 135 de la LCSP.

25. Artículos 138 y 140 de la LCSP.

aspectos como el precio, la calidad técnica, la experiencia previa, características sociales, etc.[26].

Adjudicación: Una vez evaluadas las ofertas, la entidad contratante adjudica el contrato a la empresa licitadora que haya presentado la oferta más ventajosa según los criterios establecidos. Esta decisión debe ser fundamentada y comunicada a todos las empresas participantes[27].

Recursos y revisión: Las empresas licitadoras que no hayan sido adjudicatarias pueden presentar recursos en caso de que consideren que el proceso no se ha llevado a cabo correctamente o de acuerdo con la ley. Esto puede dar lugar a una revisión por parte de los tribunales administrativos[28].

Formalización del contrato: Una vez resueltos, en su caso, los posibles recursos y confirmada la adjudicación, se procede a la formalización del contrato entre la entidad contratante y la empresa adjudicataria. Se establecen los términos y condiciones específicos del contrato[29].

Ejecución del contrato: Durante esta fase, la adjudicataria cumple con las obligaciones y compromisos establecidos en el contrato, realizando los trabajos, suministros o servicios según lo acordado[30].

Modificaciones y resolución: En algunos casos, pueden surgir cambios en las circunstancias que requieran modificaciones en el contrato. También puede darse el caso de resolución

---

26. Artículos 145 y 146 de la LCSP.
27. Artículo 151 de la LCSP.
28. Artículos 40-60 de la LCSP.
29. Artículo 153 de la LCSP.
30. Artículos 192-202 de la LCSP.

anticipada del contrato si se cumplen ciertas condiciones establecidas por la ley[31].

De cara al análisis del próximo apartado se tendrán en cuenta especialmente las fases de preparación, adjudicación y ejecución del contrato.

B) FASES PARA LA INCORPORACIÓN DE CLÁUSULAS CON PERSPECTIVA DE GÉNERO EN LA CONTRATACIÓN PÚBLICA

Se analizan a continuación las fases del procedimiento de contratación y las distintas posibilidades que tales fases albergan a la hora de incorporar cláusulas con perspectiva de género[32].

B.1) *Fase preparatoria*

B.1.1) *Definición del objeto del contrato*

En cuanto a la definición del objeto del contrato[33], la LCSP señala, por un lado, que el objeto del contrato debe ser determinado y, por otro lado, que el mismo podrá ser definido en atención a las necesidades o funcionalidades concretas que se pretenden satisfacer, *sin cerrar el objeto del contrato a una solución única».* Es decir, cabe la posibilidad de un objeto «mixto». Además, según la dicción de la misma norma, el objeto se definirá de este modo *en aquellos contratos en los que se*

---

31. Artículos 203-213 de la LCSP.

32. Para un análisis de la normativa sobre contratación pública y la posibilidad de incorporar cláusulas sociales y laborales resulta esclarecedor Preciado Domènech, C. H., *Los criterios sociales y laborales en la Contratación Pública bajo la Ley 9/2017, de 8 de noviembre, de Contratos del Sector Público,* Editorial Bomarzo, Albacete, 2018.

33. Artículo 99 de la LCSP.

estime que pueden incorporarse innovaciones tecnológicas, sociales o ambientales que mejoren la eficiencia y sostenibilidad de los bienes, obras o servicios que se contraten.

De esta forma, la LCSP contempla la posibilidad de definir el objeto del contrato incorporando innovaciones de índole social que vengan a mejorar la eficiencia y sostenibilidad de los bienes, obras o servicios a contratar.

Es debido a esta mención que en la práctica algunos órganos de contratación han decidido incluir en la propia definición del objeto del contrato una mención explícita a la perspectiva de género, como por ejemplo: «Pliego de cláusulas administrativas particulares para la licitación del servicio de gestión de las instalaciones y atención a las personas usuarias del centro rural de atención diurna de Zigoitia incorporando medidas de mejora de la calidad del empleo y de promoción de la igualdad de género. De acuerdo con el I Plan municipal de igualdad»[34].

No obstante, como podrá comprobarse a lo largo de este trabajo, atendiendo a la normativa sobre contratación pública, no es necesario incluir literal o específicamente la perspectiva de género en la definición del objeto del contrato para poder incluir cláusulas con perspectiva de género en el resto de las fases del procedimiento de contratación. Sin embargo, en algunas ocasiones los órganos de contratación han decidido incluir la perspectiva de género en la propia definición del objeto —como en el ejemplo anteriormente visto— debido a que la principal condición o exigencia a la hora de incluir una cláusula con perspectiva de género en la contratación pública es precisamente que la cláusula en cuestión esté vinculada con el objeto del contrato, y esta exigencia ha venido interpretándose de forma restrictiva. En el apartado 7 de este trabajo se anali-

---

34. Lesmes Zabalegui, S., *Guía para la incorporación de la perspectiva de género en los contratos públicos, las subvenciones públicas y los conciertos sociales,* EMAKUNDE-Instituto Vasco de la Mujer, 2019, p. 20.

zará con mayor profundidad esta exigencia así como las dificultades en torno a ella.

B.1.2) Consultas preliminares

Es importante conocer que la LCSP habilita a los órganos de contratación para realizar las denominadas «consultas preliminares» de cara a preparar la licitación, sin que pueda suponer un falseamiento de la competencia. El artículo 115 de la LCSP regula que *los órganos de contratación podrán realizar estudios de mercado y dirigir consultas a los operadores económicos que estuvieran activos en el mismo con la finalidad de preparar correctamente la licitación e informar a los citados operadores económicos acerca de sus planes y de los requisitos que exigirán para concurrir al procedimiento.*

Esta herramienta puede resultar de ayuda y orientación para los órganos de contratación a la hora de elegir y diseñar las cláusulas con perspectiva de género más idóneas, ya que a través de dichas consultas estos órganos pueden recabar información y posturas de parte de las empresas y demás operadores económicos. Por otra parte, las consultas también permiten a los operadores interesados obtener información más clara sobre las cláusulas del contrato.

En todo caso, como indica el mismo artículo 115, *de las consultas realizadas no podrá resultar un objeto contractual tan concreto y delimitado que únicamente se ajuste a las características técnicas de uno de los consultados.*

B.1.3) Presupuesto desglosado

En relación al presupuesto base de licitación, que supone el límite máximo de gasto que en virtud del contrato puede comprometer el órgano de contratación, incluido el Impuesto sobre el Valor Añadido, el artículo 100.2 de la LCSP establece que *en los contratos en que el coste de los salarios de las personas empleadas para su ejecución formen parte del precio total del contrato, el presupuesto base de licitación indicará de forma des-*

glosada y con desagregación de género y categoría profesional los costes salariales estimados a partir del convenio laboral de referencia.

Sin ánimo de profundizar en este aspecto, lo cierto es que esta obligación está generando en la práctica a los órganos de contratación alguna que otra inquietud. Sobre todo, porque la obligación en cuestión parece no tener en cuenta una obviedad: la imposibilidad de realizar dicha desagregación de género en los casos en que el convenio no presenta distinciones en materia retributiva entre mujeres y hombres[35]. Téngase en cuenta que está prohibido asignar un salario distinto por razón de sexo en los convenios colectivos.

A pesar de todo ello, puede que el artículo 100.2 de la LCSP haya querido ir más allá, y siendo consciente de tal obviedad, el fin sea otro, como por ejemplo valorar si precisamente son aquellos grupos profesionales desempeñados principalmente por las mujeres los peor retribuidos.

En todo caso, la desagregación de los costes salariales por género ha de realizarse obligatoriamente en los contratos en los que dichos costes forman parte del precio. O sino, en caso de imposibilidad por parte del órgano del contratación para realizar dicho desglose, debe justificarse la causa[36].

---

35. Juan Gómez, M. C., «Contratación pública: el presupuesto base de licitación y la controvertida desagregación de los costes laborales por razón de género», *Diario La Ley,* núm. 10184, 2022 (online).

36. Según el Tribunal Administrativo Central de Recursos Contractuales (Resolución 1333/2019), no es suficiente la sola alegación de la imposibilidad en cuestión, sino que es necesario mencionar y concretar la imposibilidad de cumplir el mandato legal y su causa. De esta forma quedaría cumplida la obligación exigida por el artículo 100.2 de la LCSP.

B.2) **Fase de selección**

B.2.1) *Prohibiciones de contratar*

Las prohibiciones para contratar con el sector público están reguladas en el artículo 71 de la LCSP. Así, no podrán contratar con el sector público las personas en quienes concurra alguna de las circunstancias recogidas en dicho artículo. Entre todas las causas allí enumeradas cabe traer a colación en este lugar aquellas que puedan llegar a tener relevancia en materia de igualdad entre mujeres y hombres.

En primer lugar, no podrán contratar con el sector público las empresas que hayan sido condenadas mediante sentencia firme por, entre otras cuestiones, delitos contra los derechos de las personas trabajadoras[37]. Entre tales derechos quedan incluidos tanto los que afectan de forma directa como los que afectan de forma indirecta al derecho de igualdad entre mujeres y hombres. Esto es, ninguna persona o empresa que haya sido condenada, eso sí, mediante sentencia firme, por delitos contra la igualdad entre mujeres y hombres podrá contratar con el sector público.

En segundo lugar, tampoco podrán contratar con el sector público aquellas personas que hayan sido sancionadas con carácter firme por infracción muy grave en materia laboral o social, de acuerdo con lo dispuesto en el texto refundido de la Ley sobre Infracciones y Sanciones en el Orden Social, aprobado por el Real Decreto Legislativo 5/2000, de 4 de agosto (LISOS). Las infracciones muy graves previstas en la LISOS de interés en este lugar son: a) *las decisiones unilaterales de la empresa que impliquen discriminaciones directas o indirectas desfavorables por razón de edad o discapacidad o favorables o adversas en materia de retribuciones, jornadas, formación, promoción y demás condiciones de trabajo, por circunstancias*

---

37. Artículo 71.1.a) de la LCSP.

de sexo, origen, incluido el racial o étnico, estado civil, condición social, religión o convicciones, ideas políticas, orientación e identidad sexual, expresión de género, características sexuales, adhesión o no a sindicatos y a sus acuerdos, vínculos de parentesco con otros trabajadores en la empresa o lengua dentro del Estado español, así como las decisiones del empresario que supongan un trato desfavorable de los trabajadores como reacción ante una reclamación efectuada en la empresa o ante una acción administrativa o judicial destinada a exigir el cumplimiento del principio de igualdad de trato y no discriminación[38]*, b) el acoso sexual, cuando se produzca dentro del ámbito a que alcanzan las facultades de dirección empresarial, cualquiera que sea el sujeto activo de la misma*[39]*, c) el acoso por razón de origen racial o étnico, religión o convicciones, discapacidad, edad y orientación e identidad sexual, expresión de género o características sexuales y el acoso por razón de sexo, cuando se produzcan dentro del ámbito a que alcanzan las facultades de dirección empresarial, cualquiera que sea el sujeto activo del mismo, siempre que, conocido por el empresario, este no hubiera adoptado las medidas necesarias para impedirlo*[40]*, y d) no elaborar o no aplicar el plan de igualdad, o hacerlo incumpliendo manifiestamente los términos previstos, cuando la obligación de realizar dicho plan responda a lo establecido en el apartado 2 del artículo 46 bis de esta Ley*[41]*. El artículo 46 bis al que se hace referencia se sitúa

---

38. Artículo 8.12 de la LISOS. El apartado 12 del artículo 8 de la LISOS fue introducido por el apartado uno de la Disposición Final sexta de la Ley 4/2023, de 28 de febrero, para la igualdad real y efectiva de las personas trans y para la garantía de los derechos de las personas LGTBI, BOE 1 de marzo 2023.

39. Artículo 8.13 de la LISOS.

40. Artículo 8.13 bis de la LISOS. El apartado *13 bis* del artículo 8 fue incorporado por el apartado dos de la Disposición Final sexta de la Ley 4/2023, de 28 de febrero, para la igualdad real y efectiva de las personas trans y para la garantía de los derechos de las personas LGTBI, BOE 1 de marzo 2023.

41. Artículo 8.17 de la LISOS.

precisamente dentro de la Subsección 3.ª bis de la LISOS, denominada «Responsabilidades en materia de igualdad». En el artículo 46 bis se prevén las sanciones accesorias a imponer a aquellas empresas que hayan cometido las infracciones muy graves tipificadas en los apartados 12, 13 y 13 bis del artículo 8 de la LISOS.

En tercer lugar, la misma prohibición recae sobre aquellas empresas de 50 o más personas trabajadoras que no cumplan con la obligación de contar con un plan de igualdad conforme a lo dispuesto en el artículo 45 de la LOI[42].

En cuanto a la forma o vías para acreditar que la empresa no está incursa en ninguna de las causas de prohibición previstas en la norma, la LCSP ofrece diferentes opciones, según la causa de prohibición de que se trate.

Por un lado, la acreditación de la obligación de contar con un plan de igualdad debe hacerse mediante la presentación de una declaración responsable[43]. Los requisitos a cumplir en la forma de la declaración responsable varían según cuál sea el procedimiento de contratación. Cuando se trate de un procedi-

---

42. Artículo 71.1.d) de la LCSP. El artículo 45 de la LOI establece que *en el caso de las empresas de cincuenta o más trabajadores, las medidas de igualdad a que se refiere el apartado anterior deberán dirigirse a la elaboración y aplicación de un plan de igualdad, con el alcance y contenido establecidos en este capítulo, que deberá ser asimismo objeto de negociación en la forma que se determine en la legislación laboral.* El concepto y contenido de los planes de igualdad está regulado en el artículo 46 de la LOI. Según el apartado 2 del artículo 46 de la LOI, *los planes de igualdad contendrán un conjunto ordenado de medidas evaluables dirigidas a remover los obstáculos que impiden o dificultan la igualdad efectiva de mujeres y hombres. Con carácter previo se elaborará un diagnóstico negociado, en su caso, con la representación legal de las personas trabajadoras, que contendrá al menos las siguientes materias: a) proceso de selección y contratación, b) clasificación profesional, c) formación, d) promoción profesional, e) condiciones de trabajo, incluida la auditoría salarial entre mujeres y hombres, f) ejercicio corresponsable de los derechos de la vida personal, familiar y laboral, g) infrarrepresentación femenina, h) retribuciones, y) prevención del acoso sexual y por razón de sexo.*

43. Artículo 71. 1. d) de la LCSP.

miento abierto, la declaración responsable se ajustará al formulario de «documento europeo único de contratación», que deberá estar firmada y con la correspondiente identificación, en la que el licitador ponga de manifiesto, entre otras cuestiones, que no está incurso en prohibición de contratar por sí misma ni por extensión[44]. Cuando se trate de un procedimiento restringido, de licitación con negociación, en el diálogo competitivo y en el de asociación para la innovación, la declaración responsable debe poner de manifiesto adicionalmente que se cumple con los requisitos objetivos que se hayan establecido de acuerdo con el artículo 162 de la LCSP, en las condiciones que establezca el pliego de conformidad con el formulario normalizado del documento europeo único[45]. En esta línea, los órganos de contratación deben incluir en el pliego, junto con la exigencia de declaración responsable, el modelo al que deberá ajustarse dicha declaración. Según la propia LCSP, el modelo que recoja el pliego seguirá el formulario de documento europeo único de contratación aprobado en el seno de la Unión Europea[46].

Por otro lado, las prohibiciones de contratar referentes a los delitos contra los derechos de las personas trabajadoras e infracciones muy graves en materia de igualdad entre mujeres y hombres, anteriormente mencionadas, se apreciarán directamente por los órganos de contratación, cuando la sentencia o la resolución administrativa se hubiera pronunciado expresamente sobre su alcance y duración, subsistiendo durante el plazo señalado en las mismas. En el caso de que la sentencia o

---

44. Artículo 140.1.a) 3° de la LCSP. En lo que respecta a no estar incursa en prohibición de contratar «por extensión», el artículo 71.3 de la LCSP dispone que *las prohibiciones de contratar afectarán también a aquellas empresas de las que, por razón de las personas que las rigen o de otras circunstancias, pueda presumirse que son continuación o que derivan, por transformación, fusión o sucesión, de otras empresas en las que hubiesen concurrido aquellas.*

45. Artículo 140.1.b) de la LCSP.

46. Artículo 141 de la LCSP.

la resolución administrativa no contengan pronunciamiento sobre el alcance o duración de la prohibición de contratar, la competencia para fijar la duración y el alcance de la prohibición corresponde al Ministerio de Hacienda y Función Pública, previa propuesta de la Junta Consultiva de Contratación Pública del Estado[47].

No obstante, cuando la empresa esté inscrita en el Registro Oficial de Licitadores y Empresas Clasificadas del Sector Público o figure en una base de datos nacional de un Estado miembro de la Unión Europea, como un expediente virtual de la empresa, un sistema de almacenamiento electrónico de documentos o un sistema de precalificación, y éstos sean accesibles de modo gratuito para los citados órganos, no estará obligada a presentar los documentos justificativos u otra prueba documental de los datos inscritos en los referidos lugares[48].

En todo caso, la ausencia de cualquiera de las prohibiciones de contratar aludidas debe darse en la fecha final de presentación de ofertas y subsistir en el momento de perfección del contrato público[49]. Así mismo, debe recordarse que los órganos de contratación no pueden imponer prohibiciones para contratar distintas a las previstas en la LCSP.

B.2.2) Solvencia técnica

La solvencia es el conjunto de condiciones técnicas, financieras, económicas y profesionales que debe cumplir una empresa para poder participar en un procedimiento de licitación pública. Estas condiciones son exigidas con el fin de conocer si la futura empresa adjudicataria es apta para asumir las obligaciones derivadas del contrato, de cara a garantizar el éxito del mismo. La solvencia constituye un requisito de admisión

---

47. Artículo 71.2 y 3 de la LCSP.
48. Artículo 140.3 de la LCSP.
49. Artículo 140.4 de la LCSP.

para poder participar en la licitación. Es por tanto un criterio de selección de carácter eliminatorio, ya que si no se cumple, la licitante queda fuera del procedimiento de contratación.

La LCSP prevé, en relación a los contratos de servicios, que si el objeto contractual requiere aptitudes específicas en materia social, de prestación de servicios de proximidad u otras análogas, en todo caso deberá exigirse como requisito de solvencia técnica o profesional la concreta experiencia, conocimientos y medios en las referidas materias[50].

Las formas para acreditar dicha solvencia técnica son, en resumen: a) *una relación de los principales servicios o trabajos realizados de igual o similar naturaleza que los que constituyen el objeto del contrato en el curso de, como máximo los tres últimos años, en la que se indique el importe, la fecha y el destinatario, público o privado de los mismos; cuando sea necesario para garantizar un nivel adecuado de competencia los poderes adjudicadores podrán indicar que se tendrán en cuenta las pruebas de los servicios pertinentes efectuados más de tres años antes (…), b) indicación del personal técnico o de las unidades técnicas, integradas o no en la empresa, participantes en el contrato, especialmente aquellos encargados del control de calidad, c) descripción de las instalaciones técnicas, de las medidas empleadas por el empresario para garantizar la calidad y de los medios de estudio e investigación de la empresa, d) cuando se trate de servicios o trabajos complejos o cuando, excepcionalmente, deban responder a un fin especial, un control efectuado por el órgano de contratación o, en nombre de este, por un organismo oficial u homologado competente del Estado en que esté establecido el empresario, siempre que medie acuerdo de dicho organismo (…), e) títulos académicos y profesionales del empresario y de los directivos de la empresa y, en particular, del responsable o responsables de la ejecución del contrato así como de los técnicos encarga-*

---

50. Artículo 90.3 de la LCSP.

dos directamente de la misma, siempre que no se evalúen como un criterio de adjudicación, f) en los casos adecuados, indicación de las medidas de gestión medioambiental que el empresario podrá aplicar al ejecutar el contrato, g) declaración sobre la plantilla media anual de la empresa y del número de directivos durante los tres últimos años, acompañada de la documentación justificativa correspondiente cuando le sea requerido por los servicios dependientes del órgano de contratación, h) declaración indicando la maquinaria, material y equipo técnico del que se dispondrá para la ejecución de los trabajos o prestaciones, a la que se adjuntará la documentación acreditativa pertinente cuando le sea requerido por los servicios dependientes del órgano de contratación e i) indicación de la parte del contrato que el empresario tiene eventualmente el propósito de subcontratar[51].

Las prescripciones técnicas podrán hacer referencia al proceso o método específico de producción o prestación de las obras, los suministros o los servicios requeridos. Pero también podrán referirse a un proceso específico de otra fase de su ciclo de vida, conforme a la definición establecida en el artículo 148 de la LCSP, incluso cuando dichos factores no formen parte de la sustancia material de las obras, suministros o servicios, siempre y cuando estén vinculados al objeto del contrato y guarden proporción con el valor y los objetivos de este[52].

Además de los límites recién mencionados, deben respetarse los restantes límites que establece la normativa sobre contratación pública para la elaboración de especificaciones técnicas. Entre tales límites, resulta de especial relevancia el principio de no discriminación.

Así pues, en los contratos de servicios, cabe la posibilidad de incluir cláusulas con perspectiva de género, tanto cuando el objeto directo de dicho contrato esté relacionado con la igual-

---

51. Artículo 90.1 de la LCSP.
52. Artículo 126.2 de la LCSP.

dad entre mujeres y hombres, tanto cuando no lo esté. Eso sí, en este último caso, la solvencia técnica a exigir debe hacer referencia a alguna de las fases del ciclo de vida del contrato, sin que sea necesario que los factores exigidos formen parte de la sustancia material de los servicios a contratar. Las condiciones a respetar son que los factores en cuestión estén relacionados con el objeto del contrato, en el sentido expuesto por los artículos 145 y 148 de la LCSP, y que guarden proporción con el valor y los objetivos del objeto en cuestión.

Lo cierto es que, en la práctica, salvo error o desconocimiento por parte de la autora de este trabajo, la gran mayoría de cláusulas con perspectiva de género introducidas en esta fase como requisitos de solvencia técnica, lo han sido en contratos de servicios cuyo objeto directo o intrínseco es la igualdad entre mujeres y hombres. Esto es, la solvencia requerida, en estos casos, sí forma parte de la sustancia material del objeto del contrato determinado. Un ejemplo de ello, entre otros muchos, es el pliego de contratación del Ayuntamiento de Benissa[53], del contrato abierto sobre «Igualdad, Tercer Plan Municipal de igualdad de oportunidades entre mujeres y hombres de Benissa (2021-2024)», donde entre los requisitos obligatorios del equipo de trabajo se establece que *las personas que desempeñen las funciones y tareas objeto del contrato tendrán que cumplir lo siguiente: a) Doctorado o Máster en materia de igualdad emitido por una universidad o bien formación en igualdad de mujeres y hombres mínima de 250 horas certificadas y b) Profesional con experiencia acreditada de al menos 3 años en las siguientes funciones: organización y gestión de planes o proyectos de igualdad de mujeres y hombres municipales. Debe acreditarse con certificados expedidos por las entidades municipales con las que ha trabajado.*

---

53. Expediente 617/2021.

B.2.3) Etiquetas

En primer lugar, debe conocerse qué se entenderá por «etiqueta» a los efectos regulados por la LCSP. Se entenderá por «etiqueta»: *cualquier documento, certificado o acreditación que confirme que las obras, productos, servicios, procesos o procedimientos de que se trate cumplen determinados requisitos*[54]. Como puede observarse, la LCSP ofrece una definición amplia del concepto de «etiqueta», ya que hace referencia a «cualquier» documento, certificado o acreditación.

Una vez expuesta la definición de la etiqueta, la LCSP dispone que cuando los órganos de contratación tengan la intención de adquirir obras, suministros o servicios con características especificas de tipo social, *podrán exigir, en las prescripciones técnicas, en los criterios de adjudicación o en las condiciones de ejecución del contrato, una etiqueta específica como medio de prueba de que las obras, los servicios o los suministros cumplen las características exigidas, etiquetas de tipo (…), como aquellas relacionadas con (…) la igualdad de género(…), siempre que se cumplan todas las condiciones siguientes: a) Que los requisitos exigidos para la obtención de la etiqueta se refieran únicamente a criterios vinculados al objeto del contrato y sean adecuados para definir las características de las obras, los suministros o los servicios que constituyan dicho objeto, b) Que los requisitos exigidos para la obtención de la etiqueta se basen en criterios verificables objetivamente y que no resulten discriminatorios, c) Que las etiquetas se adopten con arreglo a un procedimiento abierto y transparente en el que puedan participar todas las partes concernidas, tales como organismos gubernamentales, los consumidores, los interlocutores sociales, los fabricantes, los distribuidores y las organizaciones no gubernamentales, d) Que las etiquetas sean accesibles a todas las partes interesadas, e) Que los requisitos*

---

54. Artículo 127.1 de la LCSP.

exigidos para la obtención de la etiqueta hayan sido fijados por un tercero sobre el cual el empresario no pueda ejercer una influencia decisiva y f) Que las referencias a las etiquetas no restrinjan la innovación[55].

No obstante, en los casos en los que una etiqueta cumpla las condiciones enumeradas en los apartados b), c), d) y e), pero establezca requisitos no vinculados al objeto del contrato, no se exigirá la etiqueta como tal, sino que, en sustitución de ésta, los órganos de contratación pueden definir las prescripciones técnicas por referencia a las especificaciones detalladas de esa etiqueta. O sino, en su caso, podrán hacerlo haciendo referencia a partes de dicha etiqueta, que estén vinculadas al objeto del contrato y sean adecuadas para definir las características de dicho objeto.

En todo caso, cuando el órgano de contratación exija una etiqueta concreta, también debe aceptar cualquier otra etiqueta que verifique que las obras, suministros o servicios cumplen los requisitos que sean equivalentes a los exigidos en aquella etiqueta. Es más, el órgano de contratación también debe aceptar cualquier otro medio de prueba que sea idóneo a tales fines[56]. En cualquier caso, la carga de la prueba respecto de la equivalencia entre los requisitos exigidos recae sobre la licitadora[57].

Así, cuando un órgano de contratación tenga la intención de adquirir obras, suministros o servicios con características específicas relacionadas con la igualdad entre mujeres y hombres, podrá exigir, en las prescripciones técnicas, en los criterios de adjudicación o en las condiciones de ejecución del contrato, una etiqueta relacionada con la perspectiva de género, siempre

---

55. Artículo 127.2 de la LCSP.

56. Artículo 127.3 de la LCSP. En relación a los «otros medios de prueba», la LCSP hace referencia a los mencionados en el artículo 128 de la LCSP: informes de pruebas, certificación, informes técnicos del fabricante, etc.

57. Artículo 127.6 de la LCSP.

y cuando se cumplan todas las condiciones anteriormente indicadas.

A nivel estatal existe, desde el año 2010, el distintivo «Igualdad en la Empresa» (DIE)[58]. Este instrumento se creó con el fin de reconocer y estimular la labor de las empresas comprometidas con la igualdad. Este distintivo lo otorga el Ministerio de Igualdad a aquellas empresas y entidades que destaquen en cuanto a la aplicación de políticas de igualdad de trato y de oportunidades en las condiciones laborales, en los modelos de organización y en otros ámbitos (publicidad, productos, etc.). Entre los aspectos que son tenidos en cuenta a la hora de conceder el distintivo se encuentran: la participación equilibrada entre mujeres y hombres en los ámbitos de toma de decisión, el acceso a los puestos de mayor responsabilidad, la presencia equilibrada de mujeres y hombres en los grupos y categorías profesionales, la adopción de planes de igualdad u otras medidas innovadoras de fomento de la igualdad, así como la publicidad no sexista de los productos o servicios de la empresa, el establecimiento de criterios y sistemas de remuneración y clasificación profesional actualizados que permitan valorar equitativamente los trabajos desempeñados por mujeres y por hombres, las actuaciones tendentes a facilitar la conciliación de la vida personal, familiar y profesional de todas las personas, etc. Anualmente se llevan a cabo convocatorias en las que puede participar cualquier empresa o entidad, pública o privada, inte-

---

58. Regulado en el Real Decreto 1615/2009, de 26 de octubre, por el que se regula la concesión y utilización del distintivo «Igualdad en la Empresa», BOE núm. 265, de 03/11/2009. El Real Decreto tiene por objeto desarrollar lo previsto en el artículo 50 de la LOI, relativo al distintivo empresarial en materia de igualdad, *regulando reglamentariamente su denominación, el procedimiento y las condiciones para su concesión, las facultades derivadas de su obtención, las condiciones de difusión institucional de las empresas que lo obtengan y de las políticas de igualdad aplicadas por ellas, así como los procedimientos de control sobre el mantenimiento de las condiciones y políticas que justifiquen su concesión, y los procedimientos de retirada del mismo en caso de incumplimiento de aquéllas por parte de las empresas* (artículo 1 del Real Decreto 1615/2009).

resada en obtener el distintivo. En principio, la concesión de la etiqueta tiene una vigencia de tres años pero la empresa o entidad podrá solicitar, antes de expirar el periodo de vigencia, la prórroga de la concesión del distintivo[59].

En el plano de las Comunidades Autónomas existen también distintivos de igualdad «propios». Es el caso de Aragón, Castilla-la Mancha, Castilla y León, Cataluña, Valencia, País Vasco, Asturias y Murcia[60].

B.3) Fase de adjudicación

Una vez realizada la preparación del contrato, a través del expediente de contratación, debe llevarse a cabo la convocatoria del procedimiento de contratación de cara a seleccionar a la licitadora que finalmente será la adjudicataria del contrato.

La LCSP prevé diferentes tipos de procedimientos de contratación y, de entre ellos, el órgano de contratación deberá seguir aquel procedimiento que corresponda, según la norma, en cada caso. Esto es, no existe discrecionalidad para elegir el tipo de procedimiento de contratación a seguir.

En lo relativo a los requisitos y clases de criterios de adjudicación del contrato, el artículo 145 de la LCSP regula que la adjudicación del los contratos se realizará utilizando una pluralidad de criterios de adjudicación en base a la mejor relación calidad-precio. En este lugar, cabe destacar que la Directiva 2014/24/UE sobre contratación pública supuso una novedad respecto de lo previsto en las Directivas anteriores de contratación pública, ya que establece que la finalidad ha de ser encontrar «la oferta económicamente más ventajosa» la cual podrá incluir «la mejor relación calidad-precio», *que se evaluará en función de criterios que incluyan aspectos cualitativos,*

---

59. Artículos 15 y 16 del Real Decreto 1615/2009.

60. https://responsabilidad-social-corporativa.com/distintivos-de-igualdad-y-planes-de-igualdad/

medioambientales y/o sociales vinculados al objeto del contrato público de que se trate[61]. Así, la LCSP determina que «la mejor relación calidad-precio» se evaluará *con arreglo a criterios económicos y cualitativos*[62]. En este sentido, se prevé que entre los criterios de adjudicación que establezca el órgano de contratación para evaluar dicha relación calidad-precio podrá incluir aspectos sociales, siempre que estén vinculados al objeto del contrato en la forma establecida en el apartado 6 del mismo artículo 145 de la LCSP.

Según la LCSP, procede aplicar más de un criterio de adjudicación, en todo caso, en la adjudicación de los siguientes contratos: a) *Aquellos cuyos proyectos o presupuestos no hayan podido ser establecidos previamente y deban ser presentados por los candidatos o licitadores*, b) *Cuando el órgano de contratación considere que la definición de la prestación es susceptible de ser mejorada por otras soluciones técnicas o por reducciones en su plazo de ejecución*, c) *Aquellos para cuya ejecución facilite el órgano, organismo o entidad contratante materiales o medios auxiliares cuya buena utilización exija garantías especiales por parte de los contratistas*, d) *Aquellos que requieran el empleo de tecnología especialmente avanzada o cuya ejecución sea particularmente compleja*, e) *Contratos de concesión de obras y de concesión de servicios*, f) *Contratos de suministros, salvo que los productos a adquirir estén perfectamente definidos y no sea posible variar los plazos de entrega ni introducir modificaciones de ninguna clase en el contrato, siendo por consiguiente el precio el único factor determinante de la adjudicación*, g) *Contratos de servicios, salvo que las prestaciones estén perfectamente definidas técnicamente y no sea posible variar los plazos de entrega ni introducir modificaciones de ninguna clase en el contrato, siendo por consiguiente*

---

61. Artículo 67 de la Directiva 2014/24/UE.
62. Artículo 145.2 de la LCSP.

el precio el único factor determinante de la adjudicación[63] *y h) Contratos cuya ejecución pueda tener un impacto significativo en el medio ambiente, en cuya adjudicación se valorarán condiciones ambientales mensurables, tales como el menor impacto ambiental, el ahorro y el uso eficiente del agua y la energía y de los materiales, el coste ambiental del ciclo de vida, los procedimientos y métodos de producción ecológicos, la generación y gestión de residuos o el uso de materiales reciclados o reutilizados o de materiales ecológicos*[64].

B.3.1) Criterios de adjudicación

Entre los criterios de adjudicación cualitativos que enumera la norma, se nombran las «características sociales», entre otras, las siguientes «finalidades»: (…) en general, *la igualdad entre mujeres y hombres; el fomento de la contratación femenina; la conciliación de la vida laboral, personal y familiar; la mejora de las condiciones laborales y salariales; la estabilidad en el empleo; la contratación de un mayor número de personas para la ejecución del contrato; la formación y la protección de la salud y la seguridad en el trabajo* (…)[65].

Como puede observarse, la norma menciona de forma expresa la posibilidad de introducir cláusulas con perspectiva de

---

63. *En los contratos de servicios que tengan por objeto prestaciones de carácter intelectual, como los servicios de ingeniería y arquitectura, y en los contratos de prestación de servicios sociales si fomentan la integración social de personas desfavorecidas o miembros de grupos vulnerables entre las personas asignadas a la ejecución del contrato, promueven el empleo de personas con dificultades particulares de inserción en el mercado laboral o cuando se trate de los contratos de servicios sociales, sanitarios o educativos a que se refiere la Disposición adicional cuadragésima octava, o de servicios intensivos en mano de obra, el precio no podrá ser el único factor determinante de la adjudicación. Igualmente, en el caso de los contratos de servicios de seguridad privada deberá aplicarse más de un criterio de adjudicación.*

64. Artículo 145.3 de la LCSP.

65. Artículo 145.2.1 de la LCSP.

género entre los criterios de adjudicación. Además, cabe subrayar que el listado de posibles finalidades a perseguir a través de los criterios de adjudicación se ofrece a modo de «lista abierta», puesto que la disposición las recoge «entre otras» posibles finalidades. A tal efecto, cabría pues incorporar cláusulas con perspectiva de género distintas a las allí citadas.

Sin embargo, a pesar de la claridad y contundencia que en tal sentido proporciona la norma, la inclusión de cláusulas con perspectiva de género en el procedimiento de adjudicación viene siendo una de las cuestiones más controvertidas entre los órganos de contratación y los tribunales de recursos contractuales. En especial, como se comprobará más adelante con mayor detenimiento, es el Tribunal Administrativo Central de Recursos Contractuales (TACRC) quien ha venido principalmente encabezando la postura contraria a la inclusión de clausulas de tal índole entre los criterios de adjudicación.

Como es sabido, el establecimiento de cualquier tipo de criterio de adjudicación exige el respeto de ciertos límites. Al efecto, la normativa sobre contratación pública obliga a los órganos de contratación a velar por que se establezcan criterios de adjudicación que *permitan obtener obras, suministros y servicios de gran calidad que respondan lo mejor posible a sus necesidades*[66]. Además, los criterios de adjudicación —de cualquier tipo— deben cumplir los siguientes requisitos: a) estar vinculados al objeto del contrato —en el sentido expuesto en el artículo 145.6 de la LCSP—, b) ser formulados de manera objetiva con pleno respeto a los principios de igualdad, no discriminación, transparencia y proporcionalidad, sin conferir al órgano de contratación una libertad de decisión ilimitada y c) garantizar la posibilidad de que las ofertas sean evaluadas en condiciones de competencia efectiva, acompañándose de especificaciones que permitan comprobar de manera efectiva la información facilitada por los licitadores con el fin de eva-

---

66. Artículo 145.4 de la LCSP.

luar la medida en que las ofertas cumplen los criterios de adjudicación[67].

En lo que respecta a cuándo existe, o no, vinculación entre un criterio de adjudicación y el objeto del contrato, debe traerse a colación el artículo 145.6 de la LCSP. Según esta disposición, se entiende que un criterio de adjudicación está vinculado al objeto del contrato *cuando se refiera o integre las prestaciones que deban realizarse en virtud de dicho contrato, en cualquiera de sus aspectos y en cualquier etapa de su ciclo de vida, incluidos los factores que intervienen en los siguientes procesos: a) en el proceso específico de producción, prestación o comercialización de, en su caso, las obras, los suministros o los servicios, con especial referencia a formas de producción, prestación o comercialización medioambiental y socialmente sostenibles y justas; b) o en el proceso específico de otra etapa de su ciclo de vida, incluso cuando dichos factores no formen parte de su sustancia material.*

A tales efectos, en relación al «ciclo de vida» de un producto, obra o servicio, se comprenderán dentro de dicho ciclo *todas las fases consecutivas o interrelacionadas que se sucedan durante su existencia y, en todo caso: la investigación y el desarrollo que deba llevarse a cabo, la fabricación o producción, la comercialización y las condiciones en que esta tenga lugar, el transporte, la utilización y el mantenimiento, la adquisición de las materias primas necesarias y la generación de recursos; todo ello hasta que se produzca la eliminación, el desmantelamiento o el final de la utilización*[68].

En al apartado 7 de este trabajo se analizará con mayor detalle como viene interpretándose esta disposición de la mano de los tribunales de recursos contractuales.

Por su parte, la LCSP prevé que, en caso utilizarse una pluralidad de criterios de adjudicación, *en su determinación,*

---

67. Artículo 145.5 de la LCSP.
68. Artículo 148 de la LCSP.

siempre y cuando sea posible, se dará preponderancia a aquellos que hagan referencia a características del objeto del contrato que puedan valorarse mediante cifras o porcentajes obtenidos a través de la mera aplicación de las fórmulas establecidas en los pliegos[69]. Así mismo, es obligatorio precisar en el pliego de cláusulas administrativas particulares, o en el documento descriptivo, cuál es la ponderación relativa atribuida a cada uno de los criterios de valoración. Dicha ponderación puede expresarse fijando una banda de valores con una amplitud máxima adecuada[70]. Si el procedimiento de adjudicación se articula en varias fases, debe indicarse en qué fase se aplicará cada uno de los distintos criterios, siendo obligatorio establecer un umbral mínimo del 50 por ciento de la puntuación en el conjunto de los criterios cualitativos para continuar con el proceso selectivo.

B.3.2) Criterios de desempate

Para los casos en los que se produzca un empate entre dos o más ofertas, cabe la posibilidad de establecer en los pliegos de cláusulas administrativas particulares criterios de adjudicación específicos para el desempate. Eso sí, los criterios de desempate deben estar vinculados al objeto del contrato en todo caso. En este caso, la LCSP no proporciona un listado abierto de criterios de desempate, sino que señala que tales criterios deben referirse a alguna de las cuestiones que se recogen en el artículo 147 de la LCSP. Entre tales cuestiones se hace referencia a las *proposiciones presentadas por las empresas que, al vencimiento del plazo de presentación de ofertas, incluyan medidas de carácter social y laboral que favorezcan la igualdad de oportunidades entre mujeres y hombres*[71].

---

69. Artículo 146.2 de la LCSP.
70. Artículo 146.3 de la LCSP.
71. Artículo 147.1.e) de la LCSP.

En caso de que los pliegos de contratación no prevean los criterios específicos a aplicar en situación de empate, el mismo se resolverá mediante la aplicación, por orden, de los siguientes criterios: *a) Mayor porcentaje de trabajadores con discapacidad o en situación de exclusión social en la plantilla de cada una de las empresas, primando en caso de igualdad, el mayor número de trabajadores fijos con discapacidad en plantilla, o el mayor número de personas trabajadoras en inclusión en la plantilla, b) Menor porcentaje de contratos temporales en la plantilla de cada una de las empresas, c) Mayor porcentaje de mujeres empleadas en la plantilla de cada una de las empresas y d) El sorteo, en caso de que la aplicación de los anteriores criterios no hubiera dado lugar a desempate*[72]. Así pues, en caso de empate, y falta de previsión de criterios de desempate en los pliegos, el tercero de los criterios a seguir para efectuar el «desempate» conllevaría adjudicar el contrato a la empresa que disponga de un mayor porcentaje de mujeres empleadas en la plantilla.

Lo cierto es que, en la práctica, son pocos los casos en los que se produce un empate entre dos o más ofertas y, por ende, son pocas las situaciones en las que se aplican los criterios de desempate en cuestión. Por lo que la repercusión de los mismos es casi nula o inexistente en la práctica.

B.4) Fase de ejecución

Una vez formalizado el contrato, debe llevarse a cabo su ejecución. La ejecución se realizará de acuerdo con las condiciones recogidas en los pliegos de cláusulas administrativas particulares y de prescripciones técnicas, o, en su caso, en el documento descriptivo que sustituya a estos.

Como se manifestará a continuación, en esta fase también existe la posibilidad de incluir cláusulas con perspectiva de

---

72. Artículo 147.2 de la LCSP.

género, a través de las denominadas «condiciones especiales de ejecución», reguladas en el artículo 202 de la LCSP.

No obstante, es menester diferenciar las «condiciones especiales de ejecución» ya citadas con las «obligaciones en materia medioambiental, social y laboral» aludidas en el artículo 201 de la LCSP. Esto es, mientras que las segundas hacen referencia al conjunto de obligaciones legales preexistentes por la legislación medioambiental, social o laboral, las primeras constituyen obligaciones que van más allá de aquellas. Las segundas deben cumplirse en todo caso, por imperativo legal, estén previstas o no en el pliego de cláusulas administrativas particulares del contrato. Las condiciones especiales de ejecución, en cambio, deben recogerse expresamente en dicho pliego y son obligatorias únicamente de cara a la ejecución de la prestación concreta.

B.4.1) Condiciones especiales de ejecución

Según la redacción del artículo 202 de la LCSP, los órganos de contratación pueden establecer condiciones especiales en relación con la ejecución del contrato. Las condiciones especiales de ejecución pueden referirse, entre otras cuestiones, a consideraciones de tipo social. Las consideraciones de tipo social podrán introducirse con alguna de las siguientes finalidades, entre otras: *eliminar las desigualdades entre el hombre y la mujer en dicho mercado, favoreciendo la aplicación de medidas que fomenten la igualdad entre mujeres y hombres en el trabajo; favorecer la mayor participación de la mujer en el mercado laboral y la conciliación del trabajo y la vida familiar; combatir el paro, en particular el juvenil, el que afecta a las mujeres y el de larga duración (…)*[73].

Las condiciones o límites que debe respetar el órgano de contratación a la hora de incluir tales finalidades como condi-

---

73. Artículo 202.2 de la LCSP.

ciones especiales de ejecución son que: a) estén vinculadas al objeto del contrato, b) no sean directa o indirectamente discriminatorias, c) sean compatibles con el Derecho de la Unión Europea y d) se indiquen en el anuncio de licitación y en los pliegos[74].

De cualquier manera, será obligatorio el establecimiento en el pliego de cláusulas administrativas particulares de al menos una de las condiciones especiales de ejecución de entre las que enumera el artículo 202 de la LCSP[75], entre las que se sitúan, como se ha visto, las condiciones especiales de ejecución con perspectiva de género.

Todas las condiciones especiales de ejecución que formen parte del contrato serán exigidas de igual forma a todas las subcontratistas que participen en la ejecución del contrato[76].

B.4.2) Incumplimiento de las condiciones especiales de ejecución

Tal y como indica la LCSP[77] existen dos opciones para el caso de incumplimiento de las condiciones especiales de ejecución. Por un lado, los pliegos pueden atribuir a dichas condiciones el carácter de obligaciones contractuales esenciales a los efectos señalados en la letra f) del artículo 211 de la LCSP. Es decir, constituirán causas de resolución del contrato. Por otro lado, en caso de que el incumplimiento no se tipifique como causa de resolución del contrato, los pliegos pueden considerar como infracción muy grave el incumplimiento en cuestión. Los efectos en este segundo caso son los previstos en la letra c) del apartado 2 del art*ículo 71 de la LCSP. De esta manera*, haber incumplido las condiciones especiales de ejecu-

---

74. Artículo 202.1 de la LCSP.
75. Artículo 202.1 de la LCSP.
76. Artículo 202.4 de la LCSP.
77. Artículo 202.3 de la LCSP.

ción, cuando dicho incumplimiento hubiese sido definido en los pliegos o en el contrato como infracción grave, constituye circunstancia que impedirá a las empresas contratar con el sector público. Por ende, se está en este caso ante otra causa de prohibición para contratar con el sector público.

Capítulo 5

LOS DISTINTOS TIPOS DE CLAUSULAS CON PERSPECTIVA DE GÉNERO ANALIZADAS POR LOS TRIBUNALES ADMINISTRATIVOS DE RECURSOS CONTRACTUALES

Algunos Tribunales Administrativos de Recursos Contractuales se han visto obligados a examinar distintos tipos de cláusulas con perspectiva de género. Estos Tribunales han tenido que resolver recursos, presentados sobre todo por empresas, en los que se alega que las cláusulas en cuestión no se ajustan a derecho.

A la hora de analizar las interpretaciones emanadas de los Tribunales Administrativos de Recursos Contractuales, y para una mejor extracción y comprensión de conclusiones posteriormente, se ha considerado oportuno ordenar las cláusulas con perspectiva de género por temáticas o bloques en materia de igualdad entre mujeres y hombres. Las temáticas en cuestión son las siguientes: 1) Planes de Igualdad, 2) Distintivos o Etiquetas de Igualdad, 3) Fomento de la contratación de mujeres y 4) Medidas de conciliación.

A tal fin, se ha realizado una búsqueda de resoluciones de todos los Tribunales Administrativos de Recursos Contractuales, centrando el foco de atención únicamente en aquellas resoluciones que entran al fondo del asunto de interés en este trabajo, dejando de lado aquellas otras resoluciones en las que no se trata la legalidad de las cláusulas en cuestión. Las resoluciones serán analizadas principalmente en orden cronológico, ya que de esa forma será más fácil observar la evolución tanto del tipo de cláusulas recurridas como del tipo de interpretaciones ofrecidas por parte de los aludidos tribunales.

Antes de proceder a dicho análisis, resulta esencial señalar que en la mayoría de los casos, el hecho de que la cláusula en cuestión fuese rechazada no significa la imposibilidad de plantear cláusulas relativas a dichas temáticas, ya que, como podrá observarse a continuación, el motivo de su rechazo está fundamentado en la falta de vinculación con el objeto del contrato o en la falta de justificación de la cláusula en el expediente de contratación, cuestiones que pueden en su caso quedar resueltas o subsanadas con una formulación o enfoque diferentes de la cláusula recurrida. De hecho, de ello son muestra las más recientes resoluciones del Tribunal Administrativo Central de Recursos Contractuales, en las que han sido admitidas cláusulas que sí han sido correctamente formuladas en los pliegos. Sobre esta relevante cuestión se profundizará a lo largo del presente apartado así como en los siguientes. En ese orden de ideas, procede señalar también que los tipos de cláusulas con perspectiva de género posibles a introducir en los pliegos de contratación van más allá de las analizadas en los siguientes puntos[78]. Las cláusulas que se recogen a continuación son aquellas que han sido recurridas, pero existen de otros tipos y contenidos.

---

78. Sobre las aquí analizadas y otro tipo de cláusulas puede consultarse la interesante obra RODRÍGUEZ ESCANCIANO, S., ÁLVAREZ CUESTA, H., MEGINO FERNÁNDEZ, D. y FERNÁNDEZ FERNÁNDEZ, R., *La apuesta por la igualdad efectiva entre mujeres y hombres desde la Ley de Contratos del sector público*, Ediciones CEF, Madrid, 2019. En este trabajo se estudian las diferentes cláusulas con perspectiva de género existentes y además, junto con un exhaustivo análisis de la normativa de aplicación, se ofrece una gran cantidad de ejemplos de pliegos de contratación a modo de buenas prácticas.

5.1. CLÁUSULAS RELATIVAS A PLANES DE IGUALDAD

En la resolución del **TACRC 660/2018**, de 6 de julio de 2018, se anula un criterio de adjudicación que consiste en «disponer de un plan de igualdad registrado en REGCON», con un valor de 10 puntos sobre 100. El TACRC anula dicho criterio por varios motivos. En primer lugar, porque incumple la regulación de la LCSP al no estar la cláusula referida a su aplicación en la ejecución de la prestación, sino a la empresa licitadora en su conjunto. Según el TACRC *la condición de que exista un vínculo con el objeto del contrato, excluye los criterios y condiciones relativos a la política general de responsabilidad corporativa, lo cual no puede considerarse como un factor que caracterice el proceso específico de producción o prestación de las obras, servicios o suministros adquiridos.*

En segundo lugar, el Tribunal señala que la exigencia de dicha cláusula podría producir un efecto discriminatorio para aquellas empresas no obligadas a disponer de un plan de igualdad según la ley, especialmente para pequeñas y medianas empresas. Empresas que, además de constituir una gran parte del tejido empresarial del Estado español, son las que precisamente tienen más dificultades para acceder al mercado de contratos públicos, y es por ello que la propia LCSP en su artículo 1.3 apunta que *igualmente se facilitará el acceso a la contratación pública de las pequeñas y medianas empresas, así como de las empresas de economía social.*

En este lugar cabe aclarar que, si bien en la fecha de la resolución analizada la obligación de contar con un plan de igualdad recaía sobre empresas de 250 o más personas trabajadoras, hoy día dicha obligación afecta a empresas de 50 o más personas trabajadoras[79]. También deben elaborar y aplicar un

---

79. Artículo 2.2 del Real Decreto 901/2020, de 13 de octubre, por el que se regulan los planes de igualdad y su registro y se modifica el Real Decreto 713/2010, de 28 de mayo, sobre registro y depósito de convenios y acuerdos colectivos de

plan de igualdad cuando así lo establezca el convenio colectivo que sea aplicable, en los términos previstos en el mismo[80]. Así mismo, la misma obligación existe cuando la autoridad laboral hubiera acordado en un procedimiento sancionador la sustitución de las sanciones accesorias por la elaboración y aplicación de dicho plan, en los términos que se fijen en el indicado acuerdo[81]. Así pues, la elaboración e implantación de planes de igualdad en el caso de las demás empresas será de carácter voluntario, siempre previa consulta a la representación legal de los trabajadores y trabajadoras[82]. La regulación del concepto y contenido de los planes de igualdad se encuentra en el artículo 46 de la Ley Orgánica 3/2007.

Por tanto, en esta ocasión, la pregunta que quedó sin resolver fue: ¿cuál hubiese sido la respuesta en caso de que la cláusula recurrida sí hubiese estado referida a su aplicación en la ejecución de la prestación?

Dicha pregunta no tardó en aclararse a través de la posterior resolución del **TACRC 742/2018**, de 31 de julio de 2018. En la misma se anula un criterio de adjudicación que consistía en «Planes de Igualdad de género que se apliquen en la ejecución del contrato por encima de los obligados por la ley: máximo 2 puntos». En este caso, la anulación se dio no tanto por el contenido de la cláusula, sino más bien por tratarse, a juicio del Tribunal, de una cláusula redactada de forma imprecisa. En opinión del TACRC en este caso se cumple el requisito de la vinculación con el objeto del contrato exigido en el artículo 145.5. a) de la LCSP ya que los planes a los que se refiere se aplican en la ejecución de la prestación contratada. Cuestión que no sucedía en la resolución anteriormente analizada. El

---

trabajo. Y artículo 45.2 de la Ley Orgánica 3/2007, de 22 de marzo, para la igualdad efectiva de mujeres y hombres.

80. Artículo 45.3 de la Ley Orgánica 3/2007.
81. Artículo 45.4 de la Ley Orgánica 3/2007.
82. Artículo 45.5 de la Ley Orgánica 3/2007.

rechazo se fundamenta pues en la redacción de la cláusula, ya que la misma puede dar lugar a entender que se refiere a planes de igualdad implantados con carácter general. El Tribunal propone una mejor redacción de la cláusula limitando su aplicación solamente al personal que vaya a participar en la ejecución del contrato y siempre que se trate de planes que excedan de los obligados por la ley. Esta resolución dejó la vía abierta para incorporar en los pliegos cláusulas relativas a planes de igualdad, siempre que claramente se limite la aplicación de dicho plan al personal adscrito a la ejecución del contrato y, como se ha visto, siempre que se trate de planes que excedan de los obligados por la ley.

Posteriormente, fueron publicadas las resoluciones del **OARC (Órgano Administrativo de Recursos Contractuales) 186/2018**, de 27 de diciembre de 2018 y del **TACRC 19/2019**, de 27 de junio de 2019 y **262/2020**, de 20 de febrero de 2020, en las que en los tres casos se anulan tres criterios de adjudicación referentes a planes de igualdad por tratarse de cláusulas genéricas, que puntúan la mera tenencia de una plan de igualdad. Son anuladas por no estar vinculadas al objeto del contrato y por tratarse de una característica general de la empresa. Además, en el caso de la resolución del OARC, se insiste en que la vinculación con el objeto del contrato de la cláusula no está justificada en el expediente de contratación, tal y como exige la LCSP en su artículo 116.4. Este mismo Tribunal trae a colación el Considerando 97 de la Directiva 2014/24/UE, según el cual no puede valorarse dicha característica por tratarse de la política corporativa de la empresa[83].

---

83. El Considerando 97 establece literalmente lo siguiente: *No obstante, la condición de que exista un vínculo con el objeto del contrato excluye los criterios y condiciones relativos a la política general de responsabilidad corporativa, lo cual no puede considerarse como un factor que caracterice el proceso específico de producción o prestación de las obras, suministros o servicios adquiridos. En consecuencia, los poderes adjudicadores no pueden estar auto-*

En una posterior **resolución del TACRC 427/2021,** del 16 de abril de 2021, se estudió el recurso presentado contra una condición especial de ejecución relativa a planes de igualdad que establecía lo siguiente: «Las empresas de menos de 250 trabajadores tendrán que elaborar un PI. Las empresas de más de 250 trabajadores tendrán que justificar la efectiva implantación del citado PI». Se anula la cláusula porque a juicio del Tribunal no puede exigirse como condición especial de ejecución aquello que para unas empresas no supone un valor añadido respecto de la legalidad vigente. Ya que estas empresas están previamente obligadas a ello por lo que van a estar en posesión del plan de igualdad de antemano. El Tribunal subraya de nuevo los posibles efectos discriminatorios que una cláusula de este tipo puede producir para las empresas de menos dimensiones.

El **TACRC,** en su resolución **597/2022,** de 19 de mayo de 2022, no pudo en cambio entrar al fondo del asunto en relación a un criterio de adjudicación sobre planes de igualdad, ya que el Ayuntamiento que publicó el pliego desistió de la licitación por lo que no había contrato ni pliegos vigentes que recurrir en el momento de analizar el recurso.

A modo de breve conclusión sobre las cláusulas relativas a planes de igualdad, cabe mencionar que, por el momento, ningún Tribunal Administrativo de Recursos Contractuales ha admitido cláusulas de este estilo, ni como criterios de adjudicación, ni como condiciones especiales de ejecución. Sin embargo, como se ha visto, el TACRC en una de sus resoluciones especifica cómo debería de redactarse la cláusula para ser compatible con el derecho vigente.

---

rizados a exigir a los licitadores que tengan establecida una determinada política de responsabilidad social o medioambiental de la empresa.

5.2. CLÁUSULAS RELATIVAS A DISTINTIVOS O ETIQUETAS DE IGUALDAD

En lo que respecta a cláusulas que hacen referencia a distintivos o etiquetas de igualdad, los Tribunales Administrativos de Recursos Contractuales también han tenido la ocasión de poder manifestarse al respecto. Como podrá observarse, la mayoría de estas cláusulas también han sido anuladas por dichos tribunales en base a los mismos o similares fundamentos.

En la **resolución del TACRC 972/2018**, de 26 de octubre de 2018, se anuló una mejora que otorgaba 3 puntos por «estar en posesión del distintivo de igualdad en la empresa». El rechazo fue motivado por falta de vinculación con el objeto del contrato, al estar la cláusula referida a la empresa en su conjunto y no al concreto contrato.

El mismo Tribunal, en la **resolución 388/2019**, de 17 de abril de 2019, revocó un criterio de adjudicación que hacía referencia a «estar en posesión del distintivo de igualdad de oportunidades entre mujeres y hombres en el ámbito laboral». El motivo de la revocación fue la falta de vinculación de la cláusula con ninguno de los momentos del ciclo de vida del contrato, ya que tal distintivo hace referencia a una cualidad genérica de la empresa, cuya obtención es, además, voluntaria.

En la misma línea, el **OARC**, en su resolución **27/2022**, de 8 de febrero de 2022, anuló un criterio de adjudicación que otorgaba también 3 puntos por estar en posesión del distintivo «entidad colaboradora para la igualdad de mujeres y hombres»[84]. Los motivos de la revocación son idénticos a los casos anteriores. Además, este Tribunal añade, por un lado, que la cláusula no contribuye a la identificación de la proposición más ventajosa, en tanto que no se refiere al proceso específico de la prestación del servicio y, por otro lado, que el órgano de con-

---

84. Se trata de un distintivo de igualdad otorgado por Emakunde –Instituto Vasco de la Mujer.

tratación tampoco ha justificado en el pliego de cláusulas administrativas particulares o en el expediente de contratación la vinculación que tales certificados tienen con el objeto del contrato, en consonancia con el mandato del artículo 116.4.c) de la LCSP.

Así, del análisis de las resoluciones recaídas en materia de cláusulas sobre distintivos o etiquetas de igualdad se deduce que, hasta la fecha, solo se han estudiado por los Tribunales de Recursos Contractuales cláusulas consistentes en criterios de adjudicación mediante las cuales se puntúa estar en posesión —con carácter general— del distintivo o etiqueta en cuestión, y todas han sido anuladas. No contamos por el momento con resoluciones que analicen condiciones especiales de ejecución sobre distintivos o etiquetas de igualdad.

En todo caso, en mi opinión, teniendo presente lo manifestado en las resoluciones recién analizadas, en caso de que el órgano de contratación desee valorar tal característica, de todos modos debe justificar en el expediente de contratación *a qué etapa del ciclo de vida de la prestac*ión se refiere la cláusula y de qué forma la misma mejora la calidad de la prestación a contratar.

5.3. CLÁUSULAS RELATIVAS AL FOMENTO DE LA CONTRATACIÓN DE MUJERES

Otro tipo de cláusulas muy utilizadas en la contratación pública son aquellas que hacen referencia a la contratación de mujeres. Este tipo de cláusulas han obtenido un mayor respaldo o aceptación por parte de los Tribunales de Recursos Contractuales que las cláusulas anteriormente analizadas. También es destacar, a modo de adelanto, el cambio de postura del TACRC frente a este tipo de cláusulas.

Las cláusulas sobre contratación de mujeres fueron de las primeras en ser analizadas por los Tribunales de Recursos Contractuales. De hecho, el **TARCJA (Tribunal Administrativo de Recursos Contractuales de la Junta de Andalucía)** en su resolución **266/2015,** de 23 de julio de 2015, admitió una condición especial de ejecución que obliga, en el caso de producirse nuevas contrataciones, a contratar mujeres hasta alcanzar éstas el 40% de la plantilla. Este Tribunal argumenta que en el pliego se recoge el dato según el cual la plantilla la conforman más hombres que mujeres, por lo que, según el Tribunal, solo se persigue el objetivo fijado por las normas internacionales y comunitarias de promover la igualdad y paridad entre mujeres y hombres en el mercado de trabajo. Téngase en cuenta que, en la fecha de la resolución, no estaba en vigor la actual LCSP ni su artículo 202, que recoge expresamente la posibilidad de incorporar condiciones especiales de ejecución dirigidas a tal fin. Y, aún así, el TARCJA dio por válida la cláusula tomando como base jurídica los mandatos previstos en las normas internacionales y comunitarias en materia de igualdad entre mujeres y hombres.

Después, el **TACRC en su resolución 660/2018**, de 6 de julio de 2018, revocó un criterio de adjudicación que valoraba «la existencia de un mínimo de 50% de mujeres en plantilla». El rechazo, como era de esperar, se fundamentaba en que la cláusula estaba referida a la empresa en su globalidad, y no al porcentaje que representan las mujeres en relación con la totalidad de la plantilla que ejecutará la prestación en cuestión.

En la misma línea, en la resolución también del **TACRC 378/2019**, de 11 de abril de 2019, se anuló un criterio de adjudicación basado en el compromiso de la licitadora a contratar para la ejecución del contrato a un mayor número de mujeres en puestos de responsabilidad, mediante el cual se otorgaban 6 puntos. En este caso, el motivo de la anulación fue la falta de vinculación con las prestaciones objeto del contrato y que no se apreciaba de qué manera el criterio optimizaba o aportaba un mayor rendimiento de la oferta respecto de la prestación a contratar.

El **TACPA (Tribunal Administrativo de Contratos Públicos de Aragón),** en su **Acuerdo 15/2018**, de 27 de marzo de 2018, admitió como condición especial de ejecución la exigencia de que el porcentaje de nuevas contrataciones de mujeres deban superar al menos en 5 puntos al porcentaje medio señalado en el último trimestre para el sector de actividad en cuestión.

Por su parte, el **TACPN (Tribunal Administrativo de Contratos Públicos de Navarra),** en la resolución **70/2029,** de 13 de agosto de 2019, anuló un criterio de adjudicación que puntuaba la contratación de mujeres. La anulación se efectuó por tratarse, a su parecer, de una cláusula discriminatoria, ya que al tratarse en este caso de un procedimiento de adjudicación simplificado, de las cinco licitadoras que habían sido invitadas a participar una era mujer. Además, el Tribunal consideró que la cláusula no guardaba vinculación con el objeto del contrato y que tampoco se justificó dicha vinculación en el expediente de contratación.

El cambio de postura del **TACRC** que se mencionaba al inicio de este punto se muestra en su relevante resolución **80/2022,** de 20 de enero de 2022. En esta ocasión, el TACRC dio por válida una condición especial de ejecución que establece lo siguiente: «La empresa adjudicataria que cuente con una proporción desequilibrada de mujeres (o hombres) en su plantilla, deberá priorizar la contratación de mujeres (o de hombres). Se entenderá por plantilla desequilibrada aquella que cuenta con una representación o presencia de mujeres (o de hombres) inferior al 40 por ciento del total de la misma». El Tribunal defiende en esta ocasión que la condición especial de ejecución recurrida encaja en el artículo 202 de la LCSP, ya que esta disposición permite introducir condiciones especiales con la finalidad de eliminar la desigualdad entre el hombre y la mujer en el mercado laboral. Esta resolución supuso un giro de ciento ochenta grados en la postura que este Tribunal venía manteniendo en relación a este tipo de cláusulas con perspectiva de género, ya que en casos anteriores el Tribunal había procedido a anular las mismas. Es por ello que esta resolución dio lugar a pensar que posiblemente el TACRC iba a cambiar la línea interpretativa que venía marcando al respecto, más acorde ahora con el tenor literal de la LCSP. Frente a posibles dudas en cuanto a si dicha resolución podría tratarse de un caso aislado, o incluso de un error, las mismas quedan disipadas a la luz de la resolución del 30 de marzo de 2023 del TACRC (objeto de análisis en el siguiente punto de este apartado).

Sea como fuere, los Tribunales de Recursos Contractuales han venido manteniendo diferentes posturas en cuanto a la posibilidad de fomentar la contratación femenina mediante cláusulas específicas en la contratación pública. Cabe en este lugar subrayar que el TACRC sí admite desde el año 2022 condiciones especiales de ejecución sobre la temática en particular. Los criterios de adjudicación han sido hasta el momento rechazados por el TACRC por tratarse las cláusulas recurridas de cláusulas genéricas en las que difícilmente podía apreciarse la vinculación con el objeto del concreto contrato. Así pues, queda por conocer la opinión del TACRC frente a criterios de adjudicación con referencia a la contratación de mujeres que sí estén vinculadas al objeto del contrato, esto es, cuando los criterios se refieran o integren a alguna de las fases del ciclo de vida de la prestación contratada.

Por su parte, se ha podido observar cómo, por el momento, los Tribunales de Recursos Contractuales de la Junta de Andalucía y Aragón admiten este tipo de cláusulas como condición especial de ejecución mientras que el Tribunal de Nafarroa no las admite como criterios de adjudicación.

5.4. CLÁUSULAS RELATIVAS A MEDIDAS DE CONCILIACIÓN

Junto con las cláusulas sobre el fomento de la contratación de mujeres, las cláusulas sobre medidas de conciliación son las más usuales en la práctica de la contratación pública. Fruto de ello son un mayor número de recursos y consecuentes resoluciones recaídas sobre las mismas.

En un primer momento, el **TACRC,** en la resolución **679/2017,** de 27 de julio de 2017, anuló un criterio de adjudicación consistente en «la existencia de un plan de conciliación de la vida personal, laboral y familiar específica de la entidad licitadora con las medidas concretas a aplicar para la plantilla que ejecute el contrato», con una ponderación de 2.5 puntos sobre 100. El motivo para tal decisión, según el Tribunal, fue la falta de vinculación del criterio de adjudicación con el objeto del contrato puesto que, a su parecer *aunque la conciliación familiar y laboral es un bien deseable, no se puede conocer mediante el examen de los pliegos, en qué sentido tal conciliación se conecta con el objeto del contrato.*

Poco después, el **TACRC,** en la resolución **742/2018**, de 31 de julio de 2018, emitió una resolución frente a una cláusula de similares características que hacía referencia a los «planes para promover la conciliación de la vida familiar y laboral de los trabajadores». Se anuló porque la misma no estaba referida a la ejecución del contrato, en concreto, a la plantilla que lleva a cabo su ejecución, por lo que se estaría valorando una característica general de la empresa y no lo relativo a la plantilla que ejecuta la prestación. En este orden de ideas, cabía preguntarse cuál hubiese sido la respuesta del TACRC en caso de que la cláusula sí hubiese realizado referencia expresa a su aplicación exclusiva a la plantilla encargada de la ejecución de la prestación.

La respuesta a tal cuestión no tardó en darse de la mano del mismo Tribunal en la resolución **235/2019**, de 8 de marzo de 2019. En la misma se procedió a revocar un criterio de adjudicación que valoraba la adopción de determinadas medidas de conciliación, en este caso sí, a aplicar a la plantilla que ejecutase el contrato y que mejorasen los mínimos de la LOI. El TACRC tomó tal decisión argumentando que no apreciaba en qué medida tales medidas de conciliación pueden mejorar la calidad de ejecución de la prestación. A su vez, añadió que tampoco se había justificado por parte del órgano de contratación la vinculación del criterio con el objeto del concreto contrato.

Lo peculiar en torno a esta resolución fue el Voto Particular[85] que acompañaba a la misma. En el Voto Particular, en primer lugar, se subraya que la normativa de contratación pública ha sufrido una importante modificación desde la promulgación de la LCSP en lo referente a la vinculación de los criterios de adjudicación con el objeto del contrato. En su opinión, si bien la doctrina y jurisprudencia tradicional en la contratación administrativa ha venido exigiendo siempre para acreditar la vinculación que los criterios establecidos repercutan en la prestación, obra o servicio objeto del contrato, de forma directa o indirecta, pero siempre de forma efectiva, real y comprobable en el resultado final, la LCSP[86] «lo hace de una forma extraordinariamente amplia». A su juicio la LCSP no exige ya para considerar la vinculación con el objeto contractual que dichos criterios repercutan realmente en la prestación o en su calidad o características, bastando con que *se refieran o integren... a cualquiera de sus aspectos... o a los factores que intervengan en el proceso de prestación del servicio.* Así pues, insiste en que con esa amplísima definición se pueden considerar vinculados al objeto del contrato los criterios que se refieran a los trabajadores que intervengan en el proceso de producción, suministro o prestación de los servicios, aunque no afecten para nada al resultado final de la prestación. En este sentido, manifiesta que el criterio anulado, además de estar expresamente previsto en el artículo 145.1 de la LCSP como una de las posibles medidas que se pueden establecer como criterios de adjudicación, y aunque sea muy indirecta e hipotética su vinculación con el objeto del contrato, lo cierto es que su establecimiento no parece vulnerar ninguno de los principios contractuales de la normativa europea y nacional, siempre que guarde la debida proporcionalidad y no produzca discriminaciones

---

85. Formulado por el miembro del TACRC Manuel Renedo Ormaechevarría respecto del acuerdo adoptado por la mayoría.

86. En su artículo 145.6.

directas e indirectas respecto de los restantes licitadores. En el caso concreto, el criterio establecido le parece admisible por ser proporcional (1 punto por cada una de las medidas) y por no resultar discriminatorio (las licitadoras son libres de llevarlas a cabo o no)[87].

Un año después, mediante la resolución **344/2020**, de 5 de marzo de 2020, el **TACRC** anuló un criterio de adjudicación que valoraba las «acciones concretas en materia de conciliación de la vida familiar y laboral que mejoren lo establecido en el convenio colectivo aplicable». El Tribunal se mostró reacio a la cláusula en cuestión por haber sido redactada de forma genérica, indeterminada e imprecisa, y que imposibilita conocer los factores concretos a valorar.

Al contrario de lo que sucedió en el caso recién comentado, en la resolución **1065/2020**, de 5 de octubre de 2020, el **TACRC** examinó un criterio de adjudicación que sí estaba redactado de forma detallada. No obstante, finalmente la revocó porque, a pesar de admitir que las medidas estipuladas en la

---

87. No obstante, no sostiene la misma opinión en relación al criterio de adjudicación sobre incremento de los salarios sobre el convenio aplicable. En cuanto a este criterio, opina que al incentivar y primar el aumento de los salarios sobre los establecidos en los convenios aplicables y fomentar así el incremento de los costes salariales, implica inevitablemente un aumento correlativo de los precios de las ofertas, en especial en aquellos contratos intensivos en mano de obra, como son los de limpieza (objeto del contrato en cuestión), lo que, a su parecer, vulnera directamente el principio capital de la contratación pública: el de la selección de la «oferta económicamente más beneficiosa para la Administración». Además, añade que los incrementos salariales no están expresamente enumerados en el artículo 67.2.a) de la Directiva 2014/24/UE. Así mismo, estima que la aplicación de esta cláusula puede vulnerar los principios de no discriminación e igualdad al incentivar los incrementos salariales sobre los del convenio sectorial de limpiezas del territorio cuando es sabido que existen, especialmente en el sector de limpiezas, muchas empresas, sobre todo pequeñas y medianas, que tienen su propio convenio de empresa, quedando de esta manera, a su juicio, en situación de clara inferioridad respecto de las restantes acogidas al convenio sectorial, con lo que se produciría una restricción de la competencia y del principio de libre concurrencia.

cláusula recurrida sí estaban suficientemente detalladas, no observaba que se cumpliese la necesaria vinculación entre la cláusula y el objeto del contrato por haberse utilizado una característica general de la empresa como criterio de adjudicación. El criterio de adjudicación hacía referencia a la «igualdad de oportunidades entre mujeres y hombres» con un valor de hasta 9 puntos y concretaba el tipo de medidas a valorar y los respectivos puntos de cada una. La cláusula también establecía que las medidas de conciliación a valorar eran las aplicables al personal adscrito a la ejecución de la concreta prestación.

El mismo Tribunal, en su resolución **1967/2021**, de 29 de diciembre de 2021, anuló un criterio de adjudicación sobre «medidas de igualdad entre mujeres y hombres y de conciliación de la vida familiar y laboral», con un valor de hasta 7.5 puntos. La cláusula procedía a concretar cada medida de conciliación así como la puntuación correspondiente a cada una de ellas. El motivo del rechazo se basó, según el propio Tribunal, en los mismos motivos recogidos en su resolución 660/2018, de 6 de julio de 2018, anteriormente mencionada. Esto es, se sostiene que la cláusula está referida a la empresa en su globalidad, y no a la plantilla que ejecutará la prestación en cuestión.

También otros Tribunales de Recursos Contractuales se han visto en la obligación de examinar cláusulas sobre medidas de conciliación.

Así, el **TACPM (Tribunal Administrativo de Contratación Pública de la Comunidad Autónoma de Madrid)** ha sido uno de los tribunales más favorables a la inclusión de este tipo de cláusulas en la contratación pública. De hecho, ya en el año 2016, es decir, antes de la entrada en vigor de la actual normativa, en su resolución **16/2016**, de 3 de febrero de 2016, admitió un criterio de adjudicación consistente en la «presentación de un Plan de Conciliación de la vida laboral y profesional a los vigilantes que realicen la prestación objeto del contrato», con un valor de 10 puntos. El Tribunal entiende que la promoción de unas mejores condiciones laborales que permitan la conciliación entre la vida personal y familiar, además de constituir un objetivo estratégico de los poderes políticos en general, «redunda en una mejor realización de las funciones por parte de los trabajadores afectados y todo ello tiene una relación directa con la calidad del servicio que se va a prestar». Eso sí, el Tribunal admitió la cláusula afirmando a su vez que se trataba de un tema no exento de discusión.

El **TACPA**, junto con el de Madrid, también ha sido uno de los tribunales más proclives a la incorporación de cláusulas con perspectiva de género en la contratación pública. También en el año 2016, por tanto, antes de la entrada en vigor de la actual LCSP, este Tribunal, en su acuerdo 80/2016, de 30 de agosto de 2016, fue favorable a la inclusión de un criterio de adjudicación que valoraba «contar con un plan social de ejecución del contrato» donde se incluye un «Plan de Conciliación de la vida laboral y familiar del personal que ejecuta el contrato». El Tribunal manifestó en aquella ocasión que sí existía una vinculación del criterio de adjudicación con la mejor calidad en la prestación y que no se distorsionaba indebidamente la libre competencia entre empresas, por asignar la cláusula únicamente 5 puntos. Es más, el TACP de Aragón subrayó que mediante el cumplimiento del criterio de adjudicación recurrido «se garantiza una mejor eficiencia social que preserva las exigencias constitucionales de políticas sociales activas».

El mismo Tribunal de Aragón, en el Acuerdo **15/2018**, de 27 de marzo de 2018, dio por válido un criterio de adjudicación relativo a un «plan de medidas concretas para favorecer la conciliación de la vida laboral y familiar». A su juicio, es admisible la argumentación proporcionada por el órgano de contratación afirmando que unas mejores condiciones de trabajo de la plantilla adscrita al servicio han de reportar una mejor calidad en éste y que las mejoras relativas a la conciliación de la vida familiar y laboral redundarán en una mayor motivación y mejor disposición del personal, con una mejora del rendimiento.

En cambio, los Tribunales de Recursos Contractuales de Canarias y Andalucía no han sido tan propensos a admitir este tipo de cláusulas.

Por un lado, el **TACPC (Tribunal Administrativo de Contratos Públicos de la Comunidad Autónoma de Canarias)**, en su resolución **200/2021**, de 14 de julio de 2021, rechazó un criterio de adjudicación consistente en la aplicación de medidas de conciliación. Consideró insuficiente que el criterio estuviese referido a la plantilla adscrita a la ejecución. Además, subrayó que un criterio de adjudicación debe poder permitir medir las ofertas en términos de rendimiento, y que éste no lo hacía.

Por otro lado, el **TARCJA,** en la resolución **173/2022**, de 11 de marzo de 2022, anuló un criterio de adjudicación que otorgaba 10 puntos por aplicar acciones de mejora de la conciliación de la plantilla adscrita a la ejecución. La cláusula ofrecía un desglose de la puntuación por cada «x» porcentaje de mejoras. El Tribunal señaló en este caso que el expediente de contratación no recogía ninguna justificación en relación a la elección de este criterio de adjudicación, por lo que se había vulnerado el artículo 116.4 de la LCSP. De esa forma, se estaría impidiendo apreciar la vinculación del criterio de adjudicación controvertido con el objeto del contrato en cuestión. Este Tribunal insistió en que la memoria justificativa que debe realizarse a raíz del artículo 116.4 de la LCSP es especialmente relevante, ya que a través de esta justificación el tribunal puede llegar a conocer la idoneidad del criterio de cara al concreto objeto del contrato y en qué forma tales criterios mejoran la prestación en términos de calidad y eficiencia.

Finalmente, en este lugar, es de obligado análisis la reciente resolución **395/2023**, de 30 de marzo de 2023, del **TACRC** sobre cláusulas relativas a medidas de conciliación e igualdad en la contratación pública. Esta resolución resulta de gran relevancia e interés por el cambio de postura que va a mostrar el TACRC respecto de la manifestada en sus resoluciones anteriores. Para empezar, cabe matizar que el objeto del contrato consiste en la «concesión de servicio de transporte público regular mediante autobús de titularidad de la Generalitat Valenciana: Valencia interior». A saber, se trata de una prestación no ligada directa o intrínsecamente con la igualdad entre mujeres y hombres. Como se sabe, en aquellos contratos en los que el objeto del mismo está directamente ligado con la igualdad entre mujeres y hombres es cuando existe el mayor número de posibilidades para incorporar cláusulas con perspectiva de género en la contratación pública. No obstante, también en aquellos casos en los que el objeto contractual no es del tipo señalado, cabe la opción de introducir cláusulas con perspectiva de género, siempre que las mismas estén vinculadas al objeto del contrato. El próximo apartado de este trabajo se centrará en un análisis más detallado del significado e interpretación que se ha venido dando a la exigencia de dicha «vinculación con el objeto del contrato», en el que la resolución 395/2023 protagonizará un papel esencial. En este momento, es de interés únicamente exponer el contenido de la cláusula recurrida así como la posición mantenida por el TACRC.

La cláusula recurrida en este caso establece lo siguiente (el TACRC aclara que el subrayado de algunas partes de la cláusula los ha realizado él, ya que es relevante a los efectos de su Resolución):

«Aspectos sociolaborales del servicio: se valorarán con hasta un máximo 7 puntos, distribuidos según se indica en los subapartados siguientes:

3.1 Medidas de conciliación: hasta un máximo de 2 puntos.

Se presentará aquella documentación que especifique detalladamente las medidas concretas de conciliación de la vida personal, laboral y familiar que el licitador se compromete <u>a aplicar para la plantilla adscrita a la prestación del servicio</u>.

Se valorarán las medidas de conciliación, siempre que sean adicionales a las mínimas exigidas por la legislación o convenio colectivo aplicable.

3.2 Igualdad de oportunidades entre mujeres y hombres en la ejecución del contrato: hasta un máximo de 2 puntos.

Se presentará aquella documentación que incida especialmente en las propuestas en materia igualdad de oportunidades entre mujeres y hombres <u>para el personal adscrito al servicio</u>.

Se valorará el compromiso de diseñar y aplicar un plan de medidas para la Igualdad, específico en el marco de la prestación del servicio.

Sin menoscabo de las obligaciones que se deriven de los compromisos legales de subrogación de personal, se valorará el compromiso de emplear en la plantilla que ejecutará el contrato en puestos de conducción, en los casos de nuevas contrataciones, una mayor proporción de mujeres, indicando rango funcional, tipología de contrato, porcentajes e hitos previstos (plazos), etc.

No serán objeto de valoración los planes de igualdad de empresa.

3.3 Formación: hasta un máximo de 3 puntos.

Se presentará aquella documentación que recoja los compromisos que asume el licitador para mejorar la capacitación del personal adscrito a la prestación del servicio, en caso de resultar adjudicatario.

Se valorarán las propuestas de formación del personal adscrito al servicio en relación con la conducción eficiente desde el punto de vista energético y medioambiental, y con la atención y seguridad del usuario del servicio, particularizadas para los distintos puestos de trabajo, siempre que sean adicionales a las exigidas en el convenio colectivo de aplicación. No serán objeto de valoración los procesos de formación o reciclaje necesarios para la adaptación de los trabajadores subrogados a los nuevos sistemas de organización del servicio o del uso de los vehículos, requeridos por el operador entrante (art. 23 de la Resolución de 13 de febrero de 2015, de la Dirección General de Empleo, por la que se registra y publica el Acuerdo marco estatal sobre materias del transporte de viajeros por carretera, mediante vehículos de tracción mecánica de más de nueve plazas, incluido el conductor).»

El TACRC, tras indicar que la parte recurrente se limita «crípticamente a cuestionar *la determinación de dichos criterios no al global de cada mercantil sino al particular de la prestación requerida* y a invocar la aplicación de nuestra Resolución 742/2018» , recuerda que dicha resolución en su Fundamento de Derecho Sexto se limitaba a analizar una cláusula que fijaba como criterio de adjudicación subjetivo la seguridad, los planes para promover la conciliación de la vida familiar y laboral de los trabajadores y la existencia de planes de igualdad de género. A continuación el Tribunal manifiesta que, atendido lo anterior, «el motivo del recurso tal y como ha sido formulado ha de ser desestimado, pues claramente el criterio de adjudicación se define en este caso por su relación con el personal adscrito a la ejecución del contrato». Es decir, el TACRC aclara la diferencia de la licitación afectada en la Resolución 742/2028 y en la presente Resolución, que consiste en que mientras en la primera el criterio de adjudicación se definía en atención al global de cada mercantil y no al particular de la prestación requerida, en la segunda la aplicación del criterio sí tiene en cuenta y exclusivamente al personal que va a desarrollar la prestación que se contrata. Por consiguiente, en aplicación del principio de congruencia, el Tribunal desestima el motivo y da por válido el criterio de adjudicación recurrido.

Los aspectos a destacar de la resolución recién analizada son principalmente dos. En primer lugar, que el objeto del contrato controvertido consiste en un servicio de transporte público regular de autobús. En segundo lugar, que el TACRC ha entendido que al estar en este caso el criterio de adjudicación exclusivamente referido al personal adscrito a la ejecución de la prestación se estaría cumpliendo con la necesaria vinculación entre el criterio de adjudicación y el objeto del contrato.

A modo de breve conclusión sobre el presente subapartado, cabe remarcar que si bien hasta el momento venían existiendo diferentes posturas por parte de los Tribunales de Recursos Contractuales en torno a las cláusulas sobre medidas de conciliación, puede que después de la resolución 395/2023 del TACRC se produzca un cambio a favor de una única línea interpretativa acorde con lo resuelto por el TACRC en dicha resolución.

Por el momento, el TACRC admite las cláusulas sobre medidas de conciliación como criterios de adjudicación y no ha resuelto aún sobre condiciones especiales de ejecución relativas a medidas de conciliación. Pero es de esperar que, si se cumple con la necesaria vinculación con el objeto del contrato, la condición especial de ejecución en cuestión será también admitida.

Como se ha podido observar, los Tribunales de Recursos Contractuales de Canarias y de la Junta de Andalucía no han admitido hasta el momento criterios de adjudicación de semejante índole, pero no es menos cierto que ambos Tribunales han tendido a seguir la línea interpretativa que sobre la materia ha venido imponiendo el TACRC, por lo que es previsible que estos dos Tribunales cambien de parecer en futuras resoluciones. Todo ello sería además congruente con la opinión defendida por los Tribunales de Recursos Contractuales de Madrid y Aragón desde antes incluso de que estuviese en vigor la vigente LCSP.

Capítulo 6

JURISPRUDENCIA SOBRE CLÁUSULAS CON PERSPECTIVA DE GÉNERO EN LA CONTRATACIÓN PÚBLICA

Son muy pocas las sentencias dictadas por los Tribunales jurisdiccionales en torno a la materia de interés. Por consiguiente, el presente apartado, además de ser muy breve, tiene como objetivo principal traer a colación las sentencias existentes sobre la materia, sin olvidar que, debido al auge del uso de cláusulas con perspectiva de género en la actualidad, puede que en un futuro no muy lejano los Tribunales jurisdiccionales deban dictaminar alguna sentencia más al respeto.

Procede en este lugar apuntar que únicamente se tiene conocimiento de una sentencia del Tribunal Supremo que específicamente trata sobre cláusulas con perspectiva de género en la contratación pública. Esto es, las demás sentencias de las que se tiene conocimiento abordan otro tipo de cláusulas sociales, como por ejemplo, las relativas a la exigencia de un salario mínimo en la contratación pública, o a las mejoras de las condiciones laborales.

Por dicho motivo, el presente apartado debe comenzar obligatoriamente con el análisis de la sentencia del Tribunal Supremo de 17 de julio de 2012. Lo más destacable de este sentencia es que el Tribunal Supremo manifiesta que *circunscribir la política de igualdad en materia de contratación únicamente al instrumento o mecanismo jurídico de las condiciones de ejecución resulta, en principio, contrario a esa transversalidad que con tanta amplitud se define en la LO 3/2007 [LOI]; pues lo que dicha transversalidad demanda es que, dentro de ese ámbito de la contratación, la igualdad de hombres y mujeres pueda ser perseguida a través de todos los instrumentos jurídicos que la legislación de contratos regula.* A saber, ya en el año 2012 el Tribunal Supremo no tuvo lugar a duda a la hora de afirmar que la transversalidad que exige la LOI en el ámbito de la contratación pública no puede ceñirse a la fase de ejecución —mediante las condiciones especiales de ejecución—, sino que debe reflejarse también en las restantes fases del procedimiento de contratación, por supuesto, siempre de acuerdo con la regulación de la contratación pública[88]. Por tal motivo, el Tribunal Supremo rechaza el tercer motivo de casación mediante el cual se defendía que la posibilidad de aplicar políticas de igualdad de mujeres y hombres solo es posible en la fase de ejecución y a través del instrumento jurídico de las condiciones especiales de ejecución del contrato[89].

En el ámbito de la Unión Europea no existen por el momento, que se conozca, sentencias del Tribunal de Justicia de la Unión Europea (TJUE) que específicamente analicen las cláusulas con perspectiva de género en la contratación pública. No obstante, este Tribunal sí ha dictaminado sobre otro tipo de cláusulas en la contratación pública.

Sin pretender mencionar todas las sentencias sobre cláusulas sociales emitidas por el TJUE, cabe mencionar, a modo de ejemplo, la Sentencia *Grebroederes Beentjes*, de 20 de septiembre de 1988[90]. En este caso, el por aquel entonces TJCE, admitió la incorporación de cláusulas sociales en la contratación pública, en este caso para contratar personas en situación de desempleo de larga duración. El Tribunal determinó que la condición particular adicional de emplear trabajadores en paro prolongado era compatible con la Directiva de contratación

---

88. Fundamento Jurídico Sexto de la Sentencia.
89. Fundamento Jurídico Séptimo de la Sentencia.
90. Asunto C 31/87.

pública si no incide de forma discriminatoria directa o indirectamente por lo que respecta a los licitadores de otros Estados miembros de la Comunidad.

La sentencia *Comisión c. República Francesa* del TJCE, de 26 de septiembre de 2000[91], admitió un criterio de adjudicación relacionado con la lucha contra el desempleo, siguiendo la postura mantenida en el caso Beentjes. En ambos casos, el Tribunal subraya que dichas cláusulas son admisibles siempre y cuando se garantice el principio de libre competencia.

En la sentencia del TJCE *Concordia Bus Finland Oy Ab,* de 17 de septiembre de 2002[92], se admitió la consideración de criterios medioambientales, siempre y cuando los mismos estén relacionados con el objeto del contrato y no atribuyan a dicha entidad una libertad incondicional de elección.

De especial interés resulta la línea interpretativa proporcionada por el TJUE en cuanto a la posibilidad de imponer un salario mínimo en la contratación pública. Si bien no es de interés en este trabajo realizar un análisis de las sentencias en materia de cláusulas sobre un salario mínimo en la contratación pública, sí lo es indicar que el cambio de postura del Tribunal en esta temática es significativo. En los primeros casos analizados el Tribunal dio prioridad a la libre prestación de servicios frente a la posibilidad de incorporar consideraciones sociales en la contratación pública, alterando de esta forma la tendencia favorable que venía manteniendo en relación a estas cláusulas[93]. Sin embargo, ese rechazo fue dispersándose en posteriores sentencias en las que, cumpliéndose determinadas condiciones, el Tribunal pasó a admitir el establecimiento de

---

91. Asunto C 225/98.

92. Asunto C 513/99.

93. STJCE de 3 de septiembre de 2008, caso Ruffert, Asunto C 346/06.

cláusulas que obligaban a respetar un salario mínimo en la prestación a ejecutar[94].

Por ende, puede constatarse que el TJUE viene siendo favorable a la introducción de consideraciones sociales en la contratación pública, siempre y cuando se respeten una serie de condiciones mínimas a las que, entre otras, se hará referencia en el siguiente apartado.

---

94. STJCE de 17 de noviembre de 2015, caso *RegioPost*, Asunto C 115/14. Sobre las sentencias del TJCE citadas en este apartado, para mayor detalle puede consultarse ROMEO RUIZ, A., «Las cláusulas sociales en el proyecto de la Ley de Contratos del Sector Público y el nuevo Paradigma de la contratación pública», *R.V.A.P.,* núm. 108, Mayo-Agosto 2017, pp. 127-151. En el mismo sentido, y especialmente sobre la transcendencia de las últimas sentencias del TJUE en esta materia, puede verse MIRANDA BOTO, J. M., «Contratación Pública y cláusulas de empleo y condiciones de trabajo en el Derecho de la Unión Europea, *Lex Social: revista de los derechos sociales,* Vol. 6, núm. 2, 2016, pp. 69-91. El autor de este trabajo destaca que el TJUE ha dado con sus últimas sentencias un importante impulso a la regulación de cláusulas de empleo y condiciones de trabajo en la contratación pública (p. 89).

Capítulo 7

LA VINCULACIÓN DE LA CLÁUSULA CON EL OBJETO DEL CONTRATO

Como es sabido, la contratación pública está sujeta a una serie de principios. Así, debe ajustarse a los principios de libertad de acceso a las licitaciones, publicidad y transparencia de los procedimientos, y no discriminación e igualdad de trato entre los licitadores. También deben asegurarse, en conexión con el objetivo de estabilidad presupuestaria y control del gasto, y el principio de integridad, una eficiente utilización de los fondos destinados a la realización de obras, la adquisición de bienes y la contratación de servicios mediante la exigencia de la definición previa de las necesidades a satisfacer. A su vez, debe garantizarse la salvaguarda de la libre competencia y la selección de la oferta económicamente más ventajosa[95].

Más allá del obligado respeto a dichos principios, toda cláusula de índole social debe siempre guardar relación con el objeto del contrato[96]. Esto es, como se ha reiterado previamente a lo largo de todo este trabajo, la cláusula debe estar vinculada al objeto del contrato.

---

95. Artículo 1.1 de la LCSP.

96. Artículo 1.3 de la LCSP. La misma exigencia se reitera en otros artículos de la LCSP, entre otros, en los artículos 145 y 202 de la LCSP.

7.1. SOBRE LA NECESIDAD DE QUE LAS CLÁUSULAS CON PERSPECTIVA DE GÉNERO ESTÉN VINCULADAS AL OBJETO DEL CONTRATO

Todo criterio social, entre otros, el relativo a la igualdad entre mujeres y hombres, debe estar vinculado con el objeto del contrato sobre el que se desea incidir. Esta exigencia se manifiesta claramente en el primer artículo de la LCSP, y también en las disposiciones que la LCSP dedica específicamente a la regulación de los criterios de adjudicación (artículo 145 de la LCSP) y de las condiciones especiales de ejecución (artículo 202 de la LCSP).

Esta exigencia no ha estado, ni está, exenta de discusiones. Una de las posturas, mantenida por parte del TACRC hasta el 2022, defiende que tal vinculación únicamente existe en el caso de que la cláusula con perspectiva de género esté intrínsecamente referida a la sustancia material del contrato. Esto es, que si el objeto del contrato consiste, por ejemplo, en la limpieza de edificios públicos, la cláusula estará vinculada al objeto del contrato cuando la misma sea relativa exclusivamente a la limpieza o características de la misma, y no a otro tipo de cuestiones. De esta forma, únicamente podrían introducirse criterios de adjudicación o condiciones especiales de ejecución referidas a los métodos, materiales, productos… de limpieza.

En cambio, la otra postura, más acorde con la dicción literal de la LCSP y las últimas resoluciones dictadas por el TACRC, sostiene que la vinculación de la cláusula con el objeto del contrato no requiere que el criterio con perspectiva de género esté directamente relacionado con la sustancia material del contrato en cuestión, sino que, es suficiente que el criterio sea de aplicación o afecte a alguna de las fases del procedimiento de contratación. Es decir, en este caso, siguiendo el mismo ejemplo del contrato de limpieza, no sería necesario que el criterio a introducir esté directamente vinculado a la limpieza en sí, sino que podría referirse a cuestiones sociales o laborales que afecten, eso sí, a alguna de las fases del concreto procedimiento de contratación, como por ejemplo la fase de ejecución del contrato.

Hoy día, siguen existiendo tales posturas contrapuestas al respecto, a pesar de que, a mi parecer, como ya se adelantaba, la literalidad de la LCSP y las últimas resoluciones del TACRC no dejan lugar a oscilaciones.

En primer lugar, como se ha visto, el artículo 145.6 de la LCSP establece que *se considerará que un criterio de adjudicación está vinculado al objeto del contrato cuando se refiera o integre las prestaciones que deban realizarse en virtud de dicho contrato, en cualquiera de sus aspectos y en cualquier etapa de su ciclo de vida, incluidos los factores que intervienen en los siguientes procesos: **a)** en el proceso específico de producción, prestación o comercialización de, en su caso, las obras, los suministros o los servicios, con especial referencia a formas de producción, prestación o comercialización medioambiental y socialmente sostenibles y justas; **b)** o en el proceso específico de otra etapa de su ciclo de vida, incluso cuando dichos factores no formen parte de su sustancia material.* De esta forma, la LCSP manifiesta claramente que el criterio de adjudicación está vinculado al objeto del contrato cuando se refiera o integre las prestaciones que deban realizarse en cualquier etapa del ciclo de vida del contrato. No solo eso, sino que la norma señala de forma clara y explícita que los criterios de adjudicación pueden referirse a factores que no formen parte de la sustancia material del contrato. Esto es, siguiendo con el ejemplo anterior, los criterios de adjudicación no tienen por qué referirse exclusivamente o estrictamente a la limpieza en sí, sino que cabe la posibilidad de afectar mediante los mismos sobre otros factores que intervengan en alguna o algunas de las fases del ciclo de vida del contrato.

En este sentido, es de gran interés lo regulado en el artículo 148 de la LCSP, ya que el mismo prevé que *se entenderán comprendidos dentro del «ciclo de vida» de un producto, obra o servicio todas las fases consecutivas o interrelacionadas que se sucedan durante su existencia y, en todo caso: la investigación y el desarrollo que deba llevarse a cabo, la fabricación o pro-*

ducción, la comercialización y las condiciones en que esta tenga lugar, el transporte, la utilización y el mantenimiento, la adquisición de las materias primas necesarias y la generación de recursos; todo ello hasta que se produzca la eliminación, el desmantelamiento o el final de la utilización. En otras palabras, quedan comprendidas dentro del «ciclo de vida» del contrato todas las fases que se sucedan durante su existencia, desde el primer paso necesario para su inicio hasta el último de sus pasos para su fin.

La misma vinculación con el objeto del contrato es exigible para las condiciones especiales de ejecución, ya que así lo exige expresamente el artículo 202 de la LCSP[97].

7.2. LAS INTERPRETACIONES DE LOS TRIBUNALES ADMINISTRATIVOS DE RECURSOS CONTRACTUALES AL RESPECTO

Como ha podido observarse, hasta las resoluciones 80/2022, de 20 de enero de 2022 y 395/2023, de 30 de marzo de 2023, el TACRC mantenía una interpretación restrictiva en torno a la vinculación de la cláusula en cuestión con el objeto del contrato. Es decir, para este Tribunal la cláusula era admisible cuando la misma permitiese apreciar una mejora en el nivel de rendimiento o de ejecución del contrato, o en la calidad de la ejecución de la prestación contractual[98]. De esta forma, solo resultaban admisibles aquellas características o elementos que hacían referencia intrínseca al concreto producto, obra o servicio. Esto es, el criterio de adjudicación o la condición especial de ejecución debían referirse única y exclusivamente a la sustancia material del contrato afectado.

---

97. El artículo 202.1 realiza una remisión expresa en dicho sentido al artículo 145 de la LCSP.

98. Resolución 235/2019, de 8 de marzo de 2019, del TACRC.

Hoy día, parece constatarse que el TACRC, más acorde con las redacciones contenidas en la Directiva 2014/14/UE y la LCSP, ha optado por dejar de lado aquella interpretación restrictiva. De ello son muestra, concretamente, las dos resoluciones citadas en el comienzo del presente apartado. Ambas resoluciones vienen a mostrar, en principio, un cambio de interpretación sobre la temática en cuestión.

En concreto, es esclarecedora a tales efectos la resolución 395/2023, de 30 de marzo de 2023. El TACRC se ve obligado a analizar, como se ha visto anteriormente, dos criterios de adjudicación con perspectiva de género. Uno sobre medidas de conciliación y otro sobre el diseño y aplicación de un plan de medidas de igualdad. En lo que aquí resulta de interés, de dicha resolución cabe destacar que el Tribunal da por válidas ambas cláusulas afirmando que son admisibles porque los criterios se definen en este caso por su relación con el personal adscrito a la ejecución del contrato. Es decir, las cláusulas recurridas no se definen en atención al global de cada empresa, sino al particular de la prestación requerida. Destaca el TACRC que en esta licitación la aplicación de los criterios de adjudicación han tenido en cuenta, exclusivamente, el personal que va a desarrollar la prestación a contratar, por lo que es correcta.

De esta forma, cabe sostener que el TACRC ha dado comienzo a una nueva línea interpretativa, superando aquella tan rígida en la que se exigía la vinculación directa o intrínseca con el objeto del contrato. Interpretación que viene a ser congruente con la postura que viene manteniendo parte de la doctrina desde hace tiempo, la cual señala que «la exigencia de valorar la calidad/rentabilidad de un contrato público como nuevo eje decisional tiene importantes ventajas desde una perspectiva macroeconómica transversal, pues ha de permitir orientar determinados comportamientos de los agentes económicos intervinientes: quienes quieran acceder a los contratos públicos deberán cumplir necesariamente con las exigencias de calidad (en sus distintas funcionalidades) que determinen las entidades adjudicadoras. Y aquí radica la importancia de la visión estratégica de la contratación pública. La calidad de la prestación debe ser, por tanto, un elemento irrenunciable tanto en la planificación contractual, como en la propia gestión del concreto modelo o fórmula concesional en aras a la satisfacción óptima de la eficiencia social (así debe entenderse las previsiones y principios del artículo 1.3 LCSP)». Ello obliga, según la misma postura doctrinal, «a las administraciones, gestores y empresas a «cambiar» de cultura, con vocación de alcanzar la mejor «rentabilidad»[99].

Así, no se trata solo de abastecer una obra, servicio o producto, sino que ha de satisfacerse, a su vez, la eficiencia social del contrato, en todos los parámetros posibles.

7.3. LAS INTERPRETACIONES DE LOS TRIBUNALES JURISDICCIONALES

Si bien no existen, por el momento, sentencias de los tribunales jurisdiccionales que analicen concretamente la posible vinculación o no, de cláusulas con perspectiva de género, con el objeto del contrato, sí existen sentencias en el ámbito estatal que ahondan sobre dicha vinculación en lo que respecta a otro tipo de cláusulas sociales. Sobre todo se trata de sentencias dictadas por Tribunales Superiores de Justicia. En concreto, el Tribunal que más ha analizado sí existe o no vinculación de la cláusula social con el objeto del contrato es el Tribunal Superior de Justicia de Madrid. Otros tribunales han tenido también la oportunidad de analizar otras cuestiones ligadas con la incorporación de cláusulas sociales en la contratación pública. Se trata en este último caso, sobre todo, de sentencias

---

99. Gimeno Feliu, J. M.; «El necesario big bang en la contratación pública: hacia una visión disruptiva regulatoria y en la gestión pública y privada, que ponga el acento en la calidad», *Revista General de Derecho Administrativo (Iustel)*, núm. 59, enero de 2022, apartado II, consultado online en: https://laadministracionaldia.inap.es/noticia.asp?id=1512589

sobre la posibilidad de establecer un salario mínimo en la contratación[100].

Una cuestión de gran interés, sobre la que existe incluso jurisprudencia del Tribunal Supremo, es la relativa a la posibilidad de exigir la aplicación del convenio colectivo del lugar de ejecución en la contratación pública[101]. También hay sentencias sobre otro tipo de cláusulas sociales, como las relativas a la contratación de personas con discapacidad, personas desempleadas, etc.

En lo que aquí resulta de interés, procede a continuación dedicar un somero análisis a las sentencias del Tribunal Supe-

---

100. Para un mayor análisis sobre la posibilidad de establecer un salario mínimo en la contratación pública, pueden consultarse los siguientes artículos doctrinales, en los que la misma autora de este trabajo realiza un estudio algo más profundo sobre la cuestión, LARRAZABAL ASTIGARRAGA, E., «*La introducción del salario mínimo en la contratación pública*: análisis jurisprudencial del TJUE y del TSJPV», *Revista de Derecho Social*, núm. 71, 2015, pp. 125-146; y «*Las cláusulas sociales en la contratación pública y la posibilidad de establecer un salario mínimo en la ejecución de los contratos*», *Lan harremanak: Revista de relaciones laborales*, núm. 31, 2014, pp. 135-156. Véase también FOTINOPOULOU BASURKO, O. y LARRAZABAL ASTIGARRAGA. E., «El salario mínimo aplicable al trabajador desplazado: Acerca de la sentencia del Tribunal de Justicia de la Unión Europea de 12 de febrero de 2015, C-396/13», *Revista General de Derecho del Trabajo y de la Seguridad Social*, núm. 41, 2015.

101. Sobre el particular, véase LARRAZABAL ASTIGARRAGA, E., «*La jurisprudencia del Tribunal Supremo sobre la posibilidad de exigir la aplicación del convenio colectivo del lugar de ejecución en la contratación pública*», *Lan harremanak: Revista de relaciones laborales*, núm. 36, 2017, pp. 138-153. Del citado trabajo se concluye que la posibilidad de exigir la aplicación del convenio colectivo del lugar de ejecución en la contratación pública ha sido resuelta por el Tribunal Supremo en base a la competencia que ostentan, o no, las Diputaciones Forales y las Juntas Generales implicadas en el caso. Sobre la citada jurisprudencia del Tribunal Supremo, así como, en general, sobre la compatibilidad de las cláusulas sociales con la defensa de la libre competencia, véase MOLINA NAVARRETE, C., «Cláusulas sociales, contratación pública: del problema de «legitimidad» al de sus «límites», *Temas laborales: Revista andaluza de trabajo y bienestar social*, núm. 135, 2016 (Ejemplar dedicado a: Las Especialidades Laborales de la Participación de la Iniciativa Privada en la Actuación Pública), pp. 79-110.

rior de Justicia de Madrid antes nombradas. En estos casos, las cláusulas debatidas hacen referencia especialmente a la mejora de las condiciones laborales y salariales del personal adscrito a la ejecución del contrato. Las cláusulas exigen incrementos del salario base bruto del convenio colectivo de aplicación, la exigencia de aplicar durante la ejecución del contrato un determinado convenio colectivo en lo relativo a retribuciones, etc. En las sentencias se realiza un análisis sobre lo que implica la exigencia de que una cláusula social esté vinculada al objeto del contrato. Cabe adelantar que no está del todo claro que las interpretaciones en ellas realizadas sean directamente aplicables por analogía a las cláusulas con perspectiva de género, ya que a pesar de ser todas cláusulas de contenido social, cada una de ellas reviste de ciertas particularidades y diferencias respecto del resto.

Las tres sentencias del Tribunal Superior de Justicia de Madrid en torno a dicha cuestión[102], dictadas entre los años 2017 y 2019, mantienen la misma interpretación y conclusiones sobre el tema. En todas ellas se señala que las cláusulas recurridas no están directamente relacionadas con el objeto del contrato. En este sentido, cabe traer a colación lo manifestado en la sentencia 181/2019. El Tribunal argumenta que el criterio de mejora del sistema de remuneración es discriminatorio, puesto que, a su juicio, favorece a las empresas que tengan una mayor capacidad de financiación propia o ajena y que tampoco aporta beneficio directo para el servicio contratado. Además, según el Tribunal, la cláusula vulnera el sistema de fuentes de la relación laboral, al situar al contrato público como una fuente de las relaciones laborales no contemplada en el artículo 3 del Estatuto de los Trabajadores. De esa forma, a su parecer, se

---

102. Sentencias del TSJM 220/2017, de 7 de junio del 2017 (que resuelve la impugnación contra la resolución del TACPM 16/2016); 136/2018, de 23 de febrero de 2018 (que resuelve la impugnación contra la resolución del TACPM 17/2017) y 181/2019, de 14 de marzo de 2019 (que resuelve la impugnación contra la resolución del TACPM 319/2017).

vulnera el derecho a la negociación colectiva y además se puede ocasionar una discriminación no justificada entre personas empleadas de la misma empresa debido a que quienes ejecuten los servicios contratados con el sector público gozarán de una remuneración superior que el resto de la plantilla de la empresa[103].

Sin embargo, como ha podido comprobarse anteriormente, el Tribunal Administrativo de Contratos Públicos de Madrid opina justamente lo contrario y hace alusión a la «eficiencia social» que implican los criterios enjuiciados.

La argumentación mantenida por el Tribunal Superior de Justicia de Madrid es discutible y puede ser contrariada. Para empezar, hoy día no resulta necesario que la cláusula social aporte un beneficio directo en el servicio contratado, pues, como claramente indican los artículos 145.6 y 148 de la LCSP, no es indispensable que la cláusula afecte a las sustancia material del contrato, siendo suficiente que afecte a alguna de las fases del ciclo de vida del contrato, con lo que las mejoras en cuestión pueden darse en alguna de dichas fases y no solo o exclusivamente en la sustancia material del contrato. En cuanto a que la cláusula vulnera el sistema de fuentes de las relaciones laborales, resulta una afirmación dudosa, ya que la mejora salarial o laboral únicamente sería aplicable y exigible durante la ejecución del contrato público, no generando modificaciones en las condiciones pactadas en los contratos de trabajo individuales. Esto es, las mejoras salariales o laborales son condiciones instauradas para la ejecución del contrato público y mientras dure el mismo, teniendo en cuenta además que es el sector público quien financia ese contrato, y, por tanto, asume los gastos de dichas mejoras salariales y laborales. Sobre la posible

---

103. Olmo López, F., *Consideraciones sociales en la contratación pública: criterios de adjudicación y condiciones especiales de ejecución. Las falsas cláusulas sociales. Especial referencia a la doctrina del Tribunal Administrativo Central de recursos contractuales,* Tirant Lo Blanch, Valencia, 2022, pp. 193-195.

discriminación entre la plantilla adscrita al contrato y el resto de la aplantilla de la empresa, cabe advertir que la diferencia de condiciones salariales y laborales estaría justificada por las mismas causas recién mencionadas, ya que la plantilla adscrita al contrato, y que por tanto realiza un mismo trabajo para una misma administración, gozaría de las mismas condiciones laborales, siendo esta la exigencia que implica la legislación laboral en esta materia. Es obligatorio que se garantice la igualdad de condiciones por el mismo trabajo realizado, algo que quedaría salvaguardado.

Téngase en cuenta a su vez que el artículo 122.2 de la LCSP indica que e*n los pliegos de cláusulas administrativas particulares se incluirán los criterios de solvencia y adjudicación del contrato; las consideraciones sociales, laborales y ambientales que como criterios de solvencia, de adjudicación o como condiciones especiales de ejecución se establezcan; los pactos y condiciones definidores de los derechos y obligaciones de las partes del contrato; la previsión de cesión del contrato salvo en los casos en que la misma no sea posible de acuerdo con lo establecido en el segundo párrafo del artículo 214.1; la obligación del adjudicatario de cumplir las condiciones salariales de los trabajadores conforme al Convenio Colectivo sectorial de aplicación; y las demás menciones requeridas por esta Ley y sus normas de desarrollo. En el caso de contratos mixtos, se detallará el régimen jurídico aplicable a sus efectos, cumplimiento y extinción, atendiendo a las normas aplicables a las diferentes prestaciones fusionadas en ellos*[104]. En este sentido, según la LCSP los órganos de contra-

---

104. El artículo 122.2 de la LCSP, salvo los incisos relativos a la necesidad de incluir «los pactos y condiciones definidores de los derechos y obligaciones de las partes del contrato» y «En el caso de contratos mixtos, se detallará el régimen jurídico aplicable a sus efectos, cumplimiento y extinción, atendiendo a las normas aplicables a las diferentes prestaciones fusionadas en ellos» no es conforme con el orden constitucional de competencias, con las salvedades y en los términos del fundamento jurídico 7.A) d) de la Sentencia del TC

tación gozan de potestad para establecer en los pliegos de cláusulas administrativas particulares los pactos y condiciones definidores de los derechos y obligaciones de las partes del contrato, y en su caso, pueden incluir en tales pliegos consideraciones sociales y laborales como criterios de solvencia, de adjudicación o como condiciones especiales de ejecución, así como la obligación del adjudicatario de cumplir las condiciones salariales de los trabajadores conforme al Convenio Colectivo sectorial de aplicación.

Conjuntamente, el artículo 34 de la LCSP establece que *en los contratos del sector público podrán incluirse cualesquiera pactos, cláusulas y condiciones, siempre que no sean contrarios al interés público, al ordenamiento jurídico y a los principios de buena administración.*

(Pleno) 68/2021, de 18 de marzo. El TC afirma que, salvo los incisos indicados, el resto no puede entenderse «básico». Sin embargo, no implica su nulidad, *puesto que de ella se deriva su no aplicación a los contratos suscritos por las administraciones de las comunidades autónomas, las corporaciones locales y las entidades vinculadas a unas y otras.* Lo que se traduce en que las administraciones indicadas en último lugar no están sometidas a la obligación de incluir tales consideraciones sociales en los términos previstos en el artículo 122.2 de la LCSP.

Capítulo 8

CLÁUSULAS CON PERSPECTIVA DE GÉNERO EN LA CONTRATACIÓN PÚBLICA DEL SECTOR PÚBLICO VASCO

Este apartado debe partir de una breve mención al reparto de competencias en materia de contratación pública. El reparto de competencias se encuentra en el artículo 149.1.18 de la CE. Al Estado español le corresponde la competencia exclusiva para establecer la legislación básica sobre contratación pública. Las Comunidades Autónomas tienen atribuida la competencia para realizar el desarrollo de la legislación básica así como la ejecución. Es por ello que las Comunidades Autónomas tienen la oportunidad para desarrollar su política propia en materia de cláusulas sociales en la contratación pública. Eso sí, las normas y políticas propias de las Comunidades Autónomas deben respetar la legislación básica establecida a nivel estatal.

A fin de conocer qué disposiciones de la LCSP constituyen legislaciones básicas *y cuáles no,* su Disposición Final Primera enumera una relación de las disposiciones que no cuentan con el carácter de básico. Precisamente esta cuestión ha generado alguna que otra incertidumbre y polémica, llegando la cuestión hasta el Tribunal Constitucional a través de un recurso de inconstitucionalidad promovido por el Gobierno de Aragón. El Gobierno de Aragón denuncia, en primer lugar, que algunas de las disposiciones de la LCSP no tienen el carácter de legislación básica, por lo que estarían invadiendo su competencia de desarrollo legislativo y ejecución y, en segundo lugar, que la LCSP no ha guardado la debida «neutralidad» respecto al régimen de reparto de competencias normativas sobre la materia. El Tribunal Constitucional, en su extensa y detallada sentencia 68/2021, de 18 de marzo de 2021, afirma que, efectivamente, la LCSP vulnera el reparto de competencias entre el Estado y las Comunidades Autónomas. Por lo que procede a anular varios artículos de la LCSP y matiza que otros no pueden ser considerados como legislación «básica» y, por ende, no son de obligada exigencia para las Comunidades Autónomas[105].

Son muchas las Comunidades Autónomas que han regulado la incorporación de cláusulas sociales en la contratación pública. Algunas incluso cuentan con legislación específica sobre el particular. De esta forma, muchas de ellas cuentan con regulación concreta sobre la introducción de cláusulas con perspectiva de género en la contratación pública, como parte de sus políticas de igualdad de género. Las Comunidades Autónomas que destacan en este sentido son Andalucía, Cataluña, Madrid, Comunidad Valenciana y el País Vasco.

Sin ánimo de restar importancia a los grandes avances realizados por cada una de las Comunidades Autónomas en la materia objeto de estudio, este apartado se destinará al análisis del País Vasco. Esta Comunidad Autónoma es pionera en la materia y cuenta con una regulación muy avanzada al respecto. Si bien es cierto que el Decreto 116/2016, de 27 de julio, sobre el Régimen de la Contratación del sector Público de la Comunidad Autónoma de Euskadi no realiza alusiones expresas a las cláusulas con perspectiva de género, es de destacar que el País Vasco cuenta con una ley específica sobre cláusulas sociales en la contratación pública, la Ley 3/2016[106]. Esta circunstancia da fe de la relevancia que ha querido otorgarse por parte del par-

---

105. RUIZ OLMO, I., «Panorama de la regulación autonómica de las cláusulas sociales y ambientales». En GALÁN VIOQUE, R. (Dir.), *La contratación pública sostenible en la Ley de Contratos del Sector Público,* Tirant Lo Blanch, Valencia, 2023, pp. 84-85.

106. De 7 de abril, para la inclusión de determinadas cláusulas en la contratación pública.

lamento vasco a las clausulas sociales en el sector de la contratación pública. Si se analiza el contenido de la norma, pueden encontrarse referencias a cláusulas sobre condiciones laborales mínimas y sobre subrogación. En cuanto a las condiciones laborales mínimas, prevé cláusulas sobre un salario mínimo y el convenio colectivo de aplicación. La Ley 3/2016 no realiza alusión expresa sobre cláusulas con perspectiva de género, pero ello no quiere decir que no revistan de la misma importancia.

De hecho, la legislación vasca ha venido previendo la inclusión de cláusulas con perspectiva de género en la contratación pública desde hace años en la normativa sobre igualdad entre mujeres y hombres. Sin que proceda en este lugar llevar a cabo un análisis del recorrido histórico de dichas cláusulas en el marco jurídico vasco de igualdad entre mujeres y hombres, cabe apuntar que, especialmente desde la última reforma acaecida en el 2022[107], mantenida de nuevo en el 2023 en el Texto Refundido de la Ley para la Igualdad de Mujeres y Hombres y Vidas Libres de Violencia Machista contra las Mujeres[108], la legislación vasca siempre ha ido un poco más allá que la legislación estatal. Así, el avance principal en esta materia fue introducida en la reforma del 2022 y el nuevo Texto Refundido vigente desde 2023 ha mantenido de forma idéntica su contenido, con una breve aclaración de poca relevancia.

El artículo 22 del Texto Refundido de la Ley para la Igualdad de Mujeres y Hombres y Vidas Libres de Violencia Machista contra las Mujeres está dedicado exclusivamente a la inclu-

---

107. La Ley 1/2022, de 3 de marzo, modificó por segunda vez la Ley 4/2005, de 18 de febrero, para la Igualdad de Mujeres y Hombres. Sobre la incidencia de la Ley 4/2005 en materia de cláusulas con perspectiva de género en la contratación pública véase LESMES ZABALEGUI, S., «Contratación pública y discriminación positiva. Cláusulas sociales para promover la igualdad de oportunidades entre mujeres y hombres en el mercado laboral», *Lan harremanak: Revista de relaciones laborales,* núm. 13, 2005, pp. 53-86.

108. Aprobado por el Decreto Legislativo 1/2023, de 16 de marzo de 2023, publicado en el BOPV núm. 60 de 27 de marzo de 2023.

sión de cláusulas con perspectiva de género en la contratación pública. Es de utilidad traer a colación en este punto la disposición en su tenor literal:

__1.__ – Los poderes públicos vascos aplicarán el principio general relativo al deber preceptivo y transversal de incorporar criterios sociales en el ámbito específico de la igualdad de mujeres y hombres. A tal efecto, deberán incorporar la perspectiva de género en la contratación pública y, entre otras medidas, incluirán cláusulas para la igualdad de mujeres y hombres entre los criterios de adjudicación y las condiciones especiales de ejecución, considerando especialmente la situación de las mujeres en las que concurren los factores referidos en el último apartado del artículo 3.1. Todo ello, salvo que objetivamente se justifique que el objeto del contrato no guarda relación con la igualdad de mujeres y hombres, porque la prestación contractual no tiene impacto en la situación de mujeres y hombres, y porque no es posible incorporar este tipo de cláusulas, de conformidad con la normativa básica en materia de contratación pública.

__2.__ – Cuando la consideración de la perspectiva de género constituya una característica técnica del objeto del contrato, se podrá incluir expresamente en la definición de dicho objeto una mención específica a la igualdad de mujeres y hombres.

__3.__ – Los poderes públicos vascos excluirán del procedimiento de contratación a las personas físicas y jurídicas que incurran en prohibición de contratar establecida por legislación básica del Estado, entre otros por no cumplir con la obligación, en su caso, de contar con un plan de igualdad, o por delitos o sanciones firmes por infracción muy grave en materia de igualdad de mujeres y hombres.

__4.__ – Si el objeto contractual requiere aptitudes específicas en materia de igualdad de mujeres y hombres, se exigirá como requisito de solvencia técnica o profesional la concreta experiencia, conocimientos o formación en materia de igualdad de mujeres y hombres, conforme a lo establecido en la normativa en materia de contratación pública.

5.– *Salvo que objetivamente se justifique que el objeto del contrato no guarda relación con la igualdad de mujeres y hombres en los términos previstos en el primer párrafo de este artículo, de conformidad con la normativa básica en materia de contratación pública, los órganos de contratación incorporarán en los pliegos de contratación:*

a) Criterios de adjudicación para la igualdad de mujeres y hombres, cuya ponderación será al menos del 5 % del total del baremo.

b) Al menos una condición especial de ejecución relacionada con la igualdad de mujeres y hombres, más allá de la de realizar un uso no sexista en todo tipo de lenguaje e imágenes.

6.– *Con el fin de favorecer la acreditación de sus condiciones de aptitud con relación a la igualdad de mujeres y hombres, en el Registro de Personas Licitadoras y Empresas Clasificadas de la Comunidad Autónoma de Euskadi se dará la opción de recoger información desglosada en función del sexo, al menos del número de:*

a) Personas titulares de las personas jurídicas y personas que componen sus órganos de administración o dirección.

b) Personas trabajadoras y su retribución media, distribuida por grupos profesionales, categorías profesionales o puestos de trabajo iguales o de igual valor.

7.– *Se deberá verificar el cumplimiento efectivo de las cláusulas para la igualdad de mujeres y hombres establecidas en los pliegos y, a tal efecto:*

a) La entidad contratista estará obligada al cumplimiento de todas las cláusulas en materia de igualdad entre mujeres y hombres, así como a acreditar su correcta ejecución de manera efectiva, presentando la documentación pertinente sin que medie requerimiento previo.

b) En los pliegos se especificarán las consecuencias derivadas del incumplimiento de las referidas cláusulas, de acuerdo con lo previsto en la legislación sobre contratos del sector público.

c) La unidad encargada del seguimiento y ejecución del contrato deberá verificar la documentación acreditativa relativa a la igualdad de mujeres y hombres. A estos efectos, podrá recabar ase-

soramiento del órgano u organismo competente en materia de
igualdad de mujeres y hombres de su respectiva institución

Como ha podido comprobarse, lo que convierte esta norma en avanzada es que impone obligaciones que van más allá de las previstas en la LCSP. Para empezar, impone la obligación de incorporar no cualquier cláusula social, en general, sino concretamente cláusulas con perspectiva de género. En segundo lugar, en cuanto a los criterios de adjudicación, mientras que la LCSP regula que los órganos de contratación «podrán» incluir aspectos sociales para evaluar la mejor relación calidad-precio, el citado Texto Refundido impone, como norma general, la obligación de incluir criterios de adjudicación con perspectiva de género cuya ponderación será, de al menos, el 5% del total del baremo. En tercer lugar, la LCSP dispone que los órganos de contratación deben incluir al menos una condición especial de ejecución de índole social, pero el Texto Refundido va más allá y exige no solo como mínimo una condición especial de ejecución, *del tipo que sea, sino que e*sta debe estar relacionada con la igualdad entre mujeres y hombres. Esto es, como mínimo, y de forma general, se deberá incorporar una condición especial de ejecución con perspectiva de género, más allá de la de realizar un uso no sexista en todo tipo de lenguaje e imágenes.

Sin embargo, el Texto Refundido también establece la excepción a tales obligaciones de carácter general. Así, no existirán tales exigencias cuando *objetivamente se justifique que el objeto del contrato no guarda relación con la igualdad de mujeres y hombres, porque la prestación contractual no tiene impacto en la situación de mujeres y hombres, y porque no es posible incorporar este tipo de cláusulas, de conformidad con la normativa básica en materia de contratación pública.*

La redacción dada a este artículo está generando alguna que otra controversia en su aplicación práctica, ya que la forma en la que ha de interpretarse la excepción puede producir diferentes posturas, además, a veces, contradictorias. Por un lado, la redacción proporciona un amplio margen de interpretación subjetivo a los órganos de contratación, ya que no queda del todo claro cuándo el objeto no guarda relación con la igualdad de mujeres y hombres, ni tampoco cuándo la prestación no tiene impacto en la situación de mujeres y hombres. Por otro lado, esa imprecisión conlleva que, frente a una misma situación, unos órganos de contratación entienden que no resulta de aplicación la excepción, mientras que otros órganos de contratación estiman que sí lo es.

Lo que en todo caso parece resultar evidente es que la norma vasca ha querido ir más allá que la legislación estatal, previendo la obligación general de otorgar en todas las contrataciones al menos 5 puntos a cuestiones con perspectiva de género y al menos una condición especial de ejecución con perspectiva de género. Obligación que únicamente podrá eludirse cuando objetivamente se justifique la aludida excepción.

Otro tema que da ocasión para el debate es si, teniendo en cuenta el reparto de competencias en materia de contratación *pública entre el Estado español y las Comunidades Autónomas, la norma vasca estaría, o no, extralimitándose. Sea como fuere, el artículo analizado sigue hoy por hoy en vigor, por lo que es de obligado cumplimiento* dentro de su ámbito de aplicación.

Capítulo 9

ALGUNAS CUESTIONES CLAVE A LA HORA DE INCORPORAR CLÁUSULAS CON PERSPECTIVA DE GÉNERO EN LA CONTRATACIÓN PÚBLICA

9.1. LA VINCULACIÓN CON EL OBJETO DEL CONTRATO

La vinculación de las cláusulas con el objeto del contrato público es un principio fundamental en la contratación pública que establece que todas las cláusulas contenidas en un contrato público deben estar directamente relacionadas con el objeto o el propósito del contrato. Este principio busca garantizar la transparencia, la igualdad de trato y la eficiencia en la contratación pública, y se aplica en la mayoría de los sistemas legales y regulaciones de contratación pública en todo el mundo.

Como se ha comprobado anteriormente, todo criterio de adjudicación y condición especial de ejecución, también los que hacen referencia a cuestiones de igualdad entre mujeres y hombres, deben estar vinculados al objeto del contrato. Ha podido observarse cómo, hoy día, dicha vinculación debe interpretarse en el sentido de lo regulado en los artículos 145 y 148 de la LCSP. Si bien es cierto que, en el ámbito de los criterios de adjudicación, dicha vinculación ha venido traduciéndose en que el criterio de adjudicación en cuestión conlleve una mejor calidad en la prestación del servicio, hoy día no es necesaria una repercusión directa en la sustancia material del contrato. Es decir, no tiene por qué afectar en el resultado final de la prestación, es suficiente con que suponga una mejora en el nivel de rendimiento o ejecución del contrato, en cualquiera de sus aspectos (laboral, social, etc.)[109]. Al respecto, es de gran transcendencia el reciente Estudio proporcionado por el Departamento de Políticas Económicas, Científicas y de Calidad de Vida, a petición de la Comisión de Empleo y Asuntos Sociales del Parlamento Europeo[110]. En el mismo se defiende rigurosamente que el punto de partida debería ser que las condiciones de trabajo se consideren inherentes, y por defecto, vinculadas al objeto del contrato, cualquiera que sea el producto, servicio u obra[111].

Eso sí, la cláusula con perspectiva de género siempre ha de estar vinculada o referida a alguna de las fases o etapas del ciclo de vida del contrato, en los términos antes previstos. Por ende, siempre que se proceda a incluir una cláusula con perspectiva de género, la redacción literal de la misma ha de reflejar claramente a qué etapa o fase del ciclo de vida del contrato está referida la cláusula.

Por tanto, puede considerarse que sí existe vinculación con el objeto del contrato cuando los criterios o condiciones especiales de ejecución se refieran a las personas trabajadoras que intervienen, por ejemplo, tanto en el proceso de producción, suministro o prestación de los servicios.

En la práctica, lo más común es que los órganos de contratación mencionen que la cláusula es de aplicación a la fase de ejecución del contrato y, más concretamente, al equipo de trabajo adscrito a la ejecución del contrato. Recuérdese que la cláusula con perspectiva de género no puede obligar a adoptar medidas de política general de la empresa, solamente puede

---

109. Esta postura, apoyada por parte de la doctrina, y que comparto, es defendida por MORENO MOLINA, J. A., «Criterios sociales de adjudicación en el marco de la contratación pública estratégica y sostenible post-COVID 19», *Revista española de Derecho Administrativo*, núm.210, 2021, pp. 45-78.

110. Publicado en octubre de 2023: https://www.europarl.europa.eu/RegData/etudes/STUD/2023/740095/IPOL_STU(2023)740095_EN.pdf

111. Página 50 del citado Estudio.

afectar al personal encargado de la ejecución de la prestación[112]. De esta forma, siempre que la cláusula esté justificada, la misma cumplirá la condición de estar vinculada al objeto del contrato.

Aún cuando la LCSP ha dado un paso de gigante en esta cuestión respecto de sus predecesoras previendo una interpretación amplia sobre la forma en la que ha de entenderse la vinculación con el objeto del contrato, la norma sigue quedándose corta teniendo en cuenta que el Programa Nacional de Reformas de 2014 proponía que la adjudicación se fundamentase siempre «en la oferta económica y social más ventajosa»[113].

9.2. JUSTIFICACIÓN DE LA CLÁUSULA CON PERSPECTIVA DE GÉNERO EN EL EXPEDIENTE DE CONTRATACIÓN

Es obligatorio justificar la elección de cada criterio de adjudicación y condición especial de ejecución, del tipo que sea, en el expediente de contratación. Tal y como señala el artículo 116.4 de la LCSP, en el expediente deben justificarse adecuadamente, entre otras cuestiones, *los criterios de solvencia técnica o profesional, y económica y financiera, y los criterios que se tendrán en consideración para adjudicar el contrato, así como las condiciones especiales de ejecución del mismo.*

Justificar las cláusulas con perspectiva de género en el expediente de contratación es relevante por muchas razones. En primer lugar, por cuestiones de legalidad y transparencia. Todos los contratos públicos deben estar fundamentados en una

---

112. MARTÍNEZ MÉNDEZ, S., «Las cláusulas sociales y la perspectiva de género en la contratación pública», *Revista Jurídica Universidad Autónoma de Madrid,* núm. 45, 2022, p. 190.

113. RODRÍGUEZ ESCANCIANO, S., ÁLVAREZ CUESTA, H., MEGINO FERNÁNDEZ, D. y FERNÁNDEZ FERNÁNDEZ, R., *La apuesta por la igualdad efectiva entre mujeres y hombres desde la Ley de Contratos del sector público,…* op. cit., p. 63.

causa legítima y, además, deben ser transparentes. Mediante la justificación de las cláusulas en el expediente de contratación las administraciones públicas demuestran que las mismas poseen objetivos legítimos y transparentes, evitando de esta forma la arbitrariedad en la selección de empresas proveedoras. En segundo lugar, teniendo en cuenta el papel de las administraciones públicas a la hora de poder influir en la sociedad, al justificar las cláusulas en el expediente puede demostrarse el compromiso con la responsabilidad social y argumentar el impacto social pretendido. Todo ello lleva a una buena práctica del sector público, fomentando así la incorporación sistemática de cláusulas con perspectiva de género en la contratación pública.

En este orden de ideas, las cláusulas con perspectiva de género deben quedar justificadas, junto con el resto de criterios de adjudicación y condiciones especiales de ejecución, en el expediente de contratación. La LCSP establece al respecto que deben justificarse «adecuadamente», sin realizar referencia alguna a las cuestiones concretas que han de justificarse. De tal modo, los órganos de contratación gozan, en principio, de un margen de interpretación amplio a la hora de justificar las cláusulas con perspectiva de género.

Teniendo en cuenta las interpretaciones realizadas por los Tribunales Administrativos de Recursos Contractuales, cabe entender que dicha justificación implica, en todo caso, la necesidad de argumentar que la cláusula está vinculada al objeto del contrato y de qué forma la cláusula conlleva una mejor calidad en la prestación del servicio, en los términos anteriormente indicados. Esto es, se debe argumentar en qué medida supone una mejora en el nivel de rendimiento o ejecución del contrato, en cualquiera de sus aspectos (laboral, social, etc.), sin necesidad de existir una repercusión directa en la sustancia material del contrato.

Sobre esta cuestión, lo cierto es que existe una praxis muy heterogénea por parte de los órganos de contratación. Para empezar, algunos órganos de contratación ni siquiera incluyen la justificación de la cláusula en el expediente de contratación.

Cuestión que sucede no solo en lo que respecta a las cláusulas con perspectiva de género, sino también en lo relativo al resto de cláusulas «no sociales». En algunos casos, la celeridad por sacar a licitación el contrato lo antes posible ha conllevado la ausencia de dicha justificación en el expediente de contratación. En otros casos, la «tradición» o la costumbre han consistido en omitir esta justificación en el expediente de contratación. Por supuesto, también existen buenas prácticas al respecto por parte de los órganos de contratación.

Sea como fuere, de lo que no cabe lugar a duda es que la necesidad de justificar la cláusula con perspectiva de género es una obligación regulada en la LCSP, imprescindible para que la cláusula sea legal.

De hecho, en el apartado dedicado al análisis de las resoluciones de los Tribunales Administrativos de Recursos Contractuales ha podido comprobarse cómo varios de tales tribunales han incidido en esta cuestión, subrayando la obligación legal que existe al respecto. En algunos casos, las cláusulas con perspectiva de género han sido anuladas no por su falta de idoneidad, sino por la no justificación de la misma.

9.3. LA VERIFICACIÓN DEL CUMPLIMIENTO DE LAS CLÁUSULAS CON PERSPECTIVA DE GÉNERO

De cara al cumplimiento de las cláusulas con perspectiva de género que en su caso se hayan incorporado en los pliegos de contratación, el artículo 201 de la LCSP establece que los órganos de contratación deben tomar las medidas pertinentes para garantizar que en la ejecución de la prestación la adjudicataria cumple las mismas. El mismo artículo añade que los órganos de contratación poseen potestad para tomar las medidas oportunas para comprobar, durante el procedimiento de licitación, que las empresas licitadoras cumplen con las obligaciones de tales características. El incumplimiento de las obligaciones en materia de igualdad dará lugar a la imposición de las penalidades indicadas en el artículo 192 de la LCSP.

El artículo 192 dispone que los pliegos podrán prever penalidades para el caso de incumplimiento de los compromisos o de las condiciones especiales de ejecución del contrato que se hubiesen establecido conforme al apartado 2 del artículo 76 y al apartado 1 del artículo 202. La LCSP especifica al respecto que estas penalidades deberán ser proporcionales a la gravedad del incumplimiento y las cuantías de cada una de ellas no podrán ser superiores al 10 por ciento del precio del contrato, IVA excluido, ni el total de las mismas superar el 50 por cien del precio del contrato.

El incumplimiento de la cláusula con perspectiva de género también podrá conllevar la resolución del contrato, de acuerdo con el artículo 211.1.f) de la LCSP, cuando la cláusula haya sido configurada como condición esencial en los pliegos de contratación. Además, cuando el incumplimiento de la cláusula no constituya una causa de resolución, puede calificarse en los pliegos de contratación como una infracción grave a los efectos de aplicar la prohibición para contratar con el sector público prevista en el artículo 71.2.c) de la LCSP.

En este sentido, otra de las cuestiones candentes en esta materia es la relativa a la verificación del cumplimiento de las cláusulas con perspectiva de género. Como sucede con la mayoría de cláusulas de todo tipo que se prevén en los pliegos de contratación, la pregunta radica en cómo controlar o verificar que realmente la adjudicataria del contrato está cumpliendo debidamente la cláusula.

De hecho, el último objetivo de las cláusulas con perspectiva de género no consiste simplemente en que las mismas se prevean formalmente en todos los pliegos de contratación, sino en que las cláusulas se cumplan para así generar algún tipo de impacto en pro de la igualdad entre mujeres y hombres. No se trata solo de incorporar cláusulas con perspectiva de género en los procedimientos de contratación, sino de intervenir en las actuaciones de las empresas y de las administraciones públicas, con el fin de conseguir avances en materia de igualdad.

Partiendo de tal premisa, la siguiente interrogación consiste en resolver cuáles son los métodos o sistemas más eficaces al respecto. Y, lamentablemente, la respuesta no es nada halagüeña, ya que esta cuestión es una dificultad que acompaña a casi todas las cláusulas previstas en los pliegos de contratación. Si bien es cierto que los órganos de contratación tienen la posibilidad de exigir un sinfín de documentos a tales fines, no es menos cierto que el hecho de presentar informes, títulos, planes... no garantiza en todo caso el cumplimiento, y mucho menos, eficaz, de las cláusulas.

Así, más allá de la documentación acreditativa al respecto, parte de la doctrina propone medidas tales como inspecciones *in situ* y sin previo aviso, realización de entrevistas al equipo de trabajo adscrito a la ejecución de la prestación, etc.[114]. Sin embargo, como viene resultando también común en la mayoría de los casos, los órganos de contratación no siempre disponen de los medios suficientes y aptos para llevar a cabo la verificación de las cláusulas.

Por ende, entre otros tantos retos, uno, de gran relevancia, consiste en hallar nuevas fórmulas de control del cumplimiento de las cláusulas con perspectiva de género. A tal fin, resulta interesante seguir trabajando en la construcción de indicadores que permitan cuantificar el grado de cumplimiento de las cláusulas con perspectiva de género. De esta forma, será más fácil conocer el impacto de las disposiciones normativas aprobadas al respecto, así como el impacto de las buenas prácticas que se están desarrollando en este campo[115].

114.MARÍN SALMERÓN, A., «Seguimiento y control del cumplimiento de las cláusulas sociales y medioambientales por parte del operador económico», en PARDO LÓPEZ, M. M. y SÁNCHEZ GARCÍA, A. (Dirs.), *Inclusión de cláusulas sociales y medioambientales en los pliegos de contratos públicos,* Aranzadi, Pamplona, 2019, p. 191.

115.GUTIÉRREZ PONCE, H., NEVADO GIL M. T. y PACHE DURÁN M., «La contratación pública responsable: Diseño de indicadores de medición», *CIRIEC-España. Revista de economía pública, social y cooperativa,* núm. 96, 2019, p. 273. En este trabajo las autoras proponen una serie de indicadores sociales y medioambientales para cada una de las fases del procedimiento de contratación pública, con el fin de poder evaluar y comparar las prácticas responsables.

Mientras tanto, cabe señalar que las cláusulas con perspectiva de género pueden y deben ser verificadas mediante los medios ya existentes y utilizados para el control del resto de cláusulas similares. Y, además, no es de recibo el rechazo a las cláusulas con perspectiva de género por falta de medidas eficaces de control de las cláusulas, ya que se trata de una problemática común a toda la contratación pública y por ello no dejan de incorporarse otro tipo de cláusulas en los procedimientos de contratación pública.

9.4. EL ACCESO DE LAS PEQUEÑAS Y MEDIANAS EMPRESAS (PYME) A LA CONTRATACIÓN PÚBLICA

El artículo 1.3 de la LCSP, a la vez que establece que deben incorporarse cláusulas sociales en la contratación pública de forma transversal, también subraya que, igualmente, debe facilitarse el acceso a la contratación pública de las pequeñas y medianas empresas, así como de las empresas de economía social.

La LCSP establece medidas concretas para fomentar la participación de las PYMEs en la contratación pública, como la división de contratos en lotes para facilitar la participación de empresas más pequeñas, la subcontratación con las PYMEs, simplificación de procedimientos, la mejora de la transparencia, la simplificación en la justificación de la solvencia empresarial y cambios en los diferentes tipos de garantías, etc[116]. El fin de las medidas es promover la competencia y la igualdad de oportunidades en los procesos de contratación.

116.Sobre estas medidas y el marco proteccionista que ofrece la LCSP para incrementar la participación de las PYME en la contratación pública puede consultarse VÁZQUEZ FERNÁNDEZ, B., «La contratación pública al servicio de las pequeñas y medianas empresas», *Gabilex: Revista del Gabinete Jurídico de Castilla-La Mancha,* núm. Extra 1, 2019 (Ejemplar dedicado a: Un año de compra pública con la LCSP), pp. 229-246.

A pesar de ello, las PYMEs se siguen encontrando con una serie de dificultades y obstáculos a la hora de contratar con el sector público. Por ejemplo, en muchos casos, estas empresas tienen mayores dificultades para demostrar su solvencia técnica y económica ya que no poseen los mismos recursos que las grandes empresas. Los trámites administrativos para acceder a los contratos públicos pueden llegar a ser lentos y costosos, lo que también puede desanimar a las PYMEs. La lista de dificultades es más extensa, pero sobre todas ellas, la principal es poder competir con grandes empresas que poseen más experiencia y más recursos

Pues bien, esta cuestión también resulta clave a la hora de formular cláusulas con perspectiva de género en la contratación pública. A pesar de que, como se ha visto, la introducción de este tipo de cláusulas puede contribuir en la consecución de la igualdad entre mujeres y hombres, las pequeñas y medianas empresas pueden enfrentarse a mayores obstáculos a la hora de cumplir dichas cláusulas.

Por un lado, al poseer recursos económicos y humanos más limitados que las grandes empresas, pueden tener mayores obstáculos para cumplir cláusulas que impliquen contratar a un cierto número de mujeres, implementar determinadas prácticas laborales que supongan costes, etc. Además, en aquellos sectores muy masculinizados, puede suceder que una PYME tenga más limitaciones aún para encontrar mujeres con la formación y experiencia necesaria para cubrir el puesto de trabajo en cuestión. No obstante, también ha de advertirse que, muchas veces, aunque se trate de sectores masculinizados y a primera vista pueda parecer que no existen mujeres «disponibles», la realidad es que sí existen mujeres trabajadoras en dicho sector, solo que debido a todas las barreras a las que han de enfrentarse muchas se ven obligadas a cambiar de sector o a no trabajar. Y precisamente en este tipo de casos, aunque a priori puede resultar contradictorio, pueden desempeñar un papel fundamental las cláusulas con perspectiva de género, ya que a través de estas cláusulas pueden «des-masculinizarse» dichos sectores y dar cabida a las mujeres.

Por otra parte, en los casos en los que el equipo de trabajo de las PYMEs es muy reducido (piénsese en equipos de dos o tres personas trabajadoras), puede así mismo resultar complicado garantizar que la mitad o cierto porcentaje del equipo de trabajo esté compuesto por mujeres.

Por todo ello, es trascendental que, a la hora de formular e incorporar las cláusulas con perspectiva de género en la contratación pública, se tengan especialmente en cuenta las peculiaridades y limitaciones de las PYMES, puesto que, como se ha visto, existe un doble mandato legal: incorporar cláusulas sociales y facilitar el acceso de las PYMEs a la contratación pública. Es decir, siempre que vaya a introducirse una cláusula con perspectiva de género en un procedimiento de contratación ha de valorarse, caso por caso, en qué medida esa cláusula puede suponer un mayor obstáculo para una PYME y, en su caso, valorar cláusulas alternativas. Es necesario garantizar que las PYMES puedan participar de forma efectiva en los procedimientos de contratación pública.

A tal fin, pueden resultar de ayuda algunas medidas concretas. Entre otras: proporcionar capacitación y recursos a las PYMEs, establecer acciones de discriminación positiva que otorguen preferencia a las PYMEs en la contratación pública, etc.

Capítulo 10

A MODO DE CONCLUSIÓN FINAL

Hoy día es incuestionable la función que puede y debe desempeñar la contratación pública como medida de acción positiva para la garantía de la igualdad efectiva entre mujeres y hombres.

En este trabajo se han analizado las posibilidades existentes al respecto y también las cuestiones que hoy por hoy siguen sin contar con una respuesta unánime en el ámbito jurídico.

En todo caso, se ha pretendido incidir en la necesidad del respeto al marco jurídico vigente, ya que un fin tan legítimo como el de la igualdad entre mujeres y hombres debe actuar en sinergia con otros derechos y principios. Y, como ha podido ratificarse, unos y otros son compatibles, siempre y cuando se encuentren las fórmulas adecuadas.

En ese sentido es fundamental la implicación y el papel de las administraciones públicas, en especial, de los órganos de contratación. La LCSP ofrece distintas posibilidades para incluir consideraciones con perspectiva de género en la contratación pública y queda en manos de los órganos de contratación aplicarlas de la mejor manera posible. También los distintos operadores económicos y empresas deben ser conscientes de sus responsabilidades en este sentido y asumir que están obligados a realizar cambios si, entre todos y todas, se quiere realmente contribuir al fin último de la igualdad efectiva entre mujeres y hombres.

Como ya advirtió Einstein hace muchos años «si buscas resultados distintos, no hagas siempre lo mismo». Por lo que, una vez constatado que con las normas y prácticas actuales *aún estamos lejos de la ansiada igualdad, es hora de asumir que debemos actuar de diferente forma. Y el marco jurídico de contratación pública proporciona un gran abanico de opciones a tal fin, que en la práctica están siendo desaprovechadas, a veces por temores o dudas jurídicamente infundadas y, otras veces, por desconocimiento.*

En dicha tarea ha de actuarse, por supuesto, con racionalidad y proporcionalidad. Puesto que no se trata de incorporar cláusulas con perspectiva de género *únicamente en el plano formal, sino que se trata de que la cláusula realmente sirva de algo en el fin perseguido. En fin, más vale incorporar una cláusula con sentido común y coherencia, que muchas* cláusulas sin efecto ni impacto en materia de igualdad entre mujeres y hombres. La cláusula con perspectiva de género a incorporar en el procedimiento de contratación tiene que ser formulada y apropiada para el concreto contrato público.

Bibliografía

Aguado I Cudolà, V., *La contratación pública responsable. Funciones, límites y régimen jurídico,* Aranzadi, Pamplona, 2021, p. 39.

Arana García, E., Castillo Blanco, F. A., Torres López, M. A., Villalba Pérez, F. L. (Dirs.), *Nociones básicas de contratación pública,* Tecnos, Madrid, 2022.

Bernal Blay, M. A., «Hacia una contratación pública socialmente responsable: las oportunidades de la Ley 30/2007, de 30 de octubre, de contratos del sector público», *Revista Aragonesa de Administración Pública,* núm. Extra 10, 2008 (Ejemplar dedicado a: El derecho de los contratos del sector público), pp. 212 y 213.

Díez Sastre, S., «Las cláusulas sociales en la contratación pública», *Anuario de la Facultad de Derecho de la Universidad Autónoma de Madrid,* núm. 21, 2017 (Ejemplar dedicado a: Los derechos fundamentales en las relaciones entre particulares), p. 199.

Fabregat Monfort, G., «Criterios y sistemas de promoción profesional y ascensos y no discriminación por razón de género», *Femeris: Revista Multidisciplinar de Estudios de Género*, Vol. 6, núm. 2, 2021, p. 13.

Fotinopoulou Basurko, O. y Larrazabal Astigarraga. E., «El salario mínimo aplicable al trabajador desplazado: Acerca de la sentencia del Tribunal de Justicia de la Unión Europea de 12 de febrero de 2015, C-396/13», *Revista General de Derecho del Trabajo y de la Seguridad Social,* núm. 41, 2015.

GONZÁLEZ BUSTOS, M. A., «La contratación pública con perspectiva de género». En GALÁN VIOQUE, R. (Dir.), *La contratación pública sostenible en la Ley de Contratos del Sector Público,* Tirant Lo Blanch, Valencia, 2023, pp. 149 y 150.

GIMENO FELIU, J. M.; «El necesario big bang en la contratación pública: hacia una visión disruptiva regulatoria y en la gestión pública y privada, que ponga el acento en la calidad», *Revista General de Derecho Administrativo (Iustel),* núm. 59, enero de 2022, apartado II, consultado online en: https://laadministracionaldia.inap.es/noticia.asp?id=1512589

GUTIÉRREZ PONCE, H., NEVADO GIL M. T. y PACHE DURÁN M., «La contratación pública responsable: Diseño de indicadores de medición», *CIRIEC-España. Revista de economía pública, social y cooperativa,* núm. 96, 2019, p. 273.

JUAN GÓMEZ, M. C., «Contratación pública: el presupuesto base de licitación y la controvertida desagregación de los costes laborales por razón de género», *Diario La Ley,* núm. 10184, 2022 (online).

LARRAZABAL ASTIGARRAGA, E., «La introducción del salario mínimo en la contratación pública: análisis jurisprudencial del TJUE y del TSJPV», *Revista de Derecho Social,* núm. 71, 2015, pp. 125-146;

— «Las cláusulas sociales en la contratación pública y la posibilidad de establecer un salario mínimo en la ejecución de los contratos», *Lan harremanak: Revista de relaciones laborales,* núm. 31, 2014, pp. 135-156.

— «La jurisprudencia del Tribunal Supremo sobre la posibilidad de exigir la aplicación del convenio colectivo del lugar de ejecución en la contratación pública», *Lan harremanak: Revista de relaciones laborales,* núm. 36, 2017, pp. 138-153.

LESMES ZABALEGUI, S., *Guía para la incorporación de la perspectiva de género en los contratos públicos, las subvenciones públicas y los conciertos sociales,* EMAKUNDE-Instituto Vasco de la Mujer, 2019, p. 20.

— «Contratación pública y discriminación positiva. Cláusulas sociales para promover la igualdad de oportunidades entre mujeres y hombres en el mercado laboral», *Lan barremanak: Revista de relaciones laborales,* núm. 13, 2005, pp. 53-86.

MARÍN SALMERÓN, A., «Seguimiento y control del cumplimiento de las cláusulas sociales y medioambientales por parte del operador económico», en PARDO LÓPEZ, M. M. y SÁNCHEZ GARCÍA, A. (Dirs.), *Inclusión de cláusulas sociales y medioambientales en los pliegos de contratos públicos,* Aranzadi, Pamplona, 2019, p. 191.

MARTÍNEZ MÉNDEZ, S., «Las cláusulas sociales y la perspectiva de género en la contratación pública», *Revista Jurídica Universidad Autónoma de Madrid,* núm. 45, 2022, p. 190.

MIRANDA BOTO, J. M., «Contratación Pública y cláusulas de empleo y condiciones de trabajo en el Derecho de la Unión Europea, *Lex Social: revista de los derechos sociales,* Vol. 6, núm. 2, 2016, pp. 69-91.

MOLINA NAVARRETE, C., «Cláusulas sociales, contratación pública: del problema de «legitimidad» al de sus «límites», *Temas laborales: Revista andaluza de trabajo y bienestar social,* núm. 135, 2016 (Ejemplar dedicado a: Las Especialidades Laborales de la Participación de la Iniciativa Privada en la Actuación Pública), pp. 79-110.

MORENO MOLINA, J. A., «Criterios sociales de adjudicación en el marco de la contratación pública estratégica y sostenible post-COVID 19», *Revista española de Derecho Administrativo,* núm.210, 2021, pp. 45-78.

OLMO LÓPEZ, F., *Consideraciones sociales en la contratación pública: criterios de adjudicación y condiciones especiales de ejecución. Las falsas cláusulas sociales. Especial referencia a la doctrina del Tribunal Administrativo Central de recursos contractuales,* Tirant Lo Blanch, Valencia, 2022, pp. 193-195.

PRECIADO DOMÈNECH, C. H., *Los criterios sociales y laborales en la Contratación Pública bajo la Ley 9/2017, de 8 de noviembre, de Contratos del Sector Público,* Editorial Bomarzo, Albacete, 2018.

RAMOS QUINTANA, M. I., «Las mujeres y el futuro del trabajo en el centenario de la OIT», *Revista del Ministerio de Empleo y Seguridad Social: Revista del Ministerio de Trabajo, Migraciones y Seguridad Social,* núm. Extra 1, 2019 (Ejemplar dedicado a: Mujer en el futuro del trabajo), p. 115.

RODRÍGUEZ ESCANCIANO, S., «Mujer y empleo: perspectiva de género y políticas activas en la contratación administrativa», *Revista del Ministerio de Empleo y Seguridad Social: Revista del Ministerio de Trabajo, Migraciones y Seguridad Social,* núm. Extra 1, 2019 (Ejemplar dedicado a: Mujer en el futuro del trabajo), p. 54.

— Y ÁLVAREZ CUESTA, H., MEGINO FERNÁNDEZ, D. y FERNÁNDEZ FERNÁNDEZ, R., *La apuesta por la igualdad efectiva entre mujeres y hombres desde la Ley de Contratos del sector público,* Ediciones CEF, Madrid, 2019.

ROMEO RUIZ, A., «Las cláusulas sociales en el proyecto de la Ley de Contratos del Sector Público y el nuevo Paradigma de la contratación pública», *R.V.A.P.,* núm. 108, Mayo-Agosto 2017, pp. 127-151.

RUIZ OLMO, I., «Panorama de la regulación autonómica de las cláusulas sociales y ambientales». En GALÁN VIOQUE, R. (Dir.), *La contratación pública sostenible en la Ley de Contratos del Sector Público,* Tiran Lo Blanch, Valencia, 2023, pp. 84-85.

VÁZQUEZ FERNÁNDEZ, B., «La contratación pública al servicio de las pequeñas y medianas empresas», *Gabilex: Revista del Gabinete Jurídico de Castilla-La Mancha,* núm. Extra 1, 2019 (Ejemplar dedicado a: Un año de compra pública con la LCSP), pp. 229-246.